Portada: Shiva, Parvati and Ganesha enthroned on Mount Kailas with Nandi the bull. Chromolithograph by R. Varma.
Credito: Wellcome Collection (https://wellcomecollection.org/works/dmv7fu7a). Attribution 4.0 International (CC BY 4.0) (https://creativecommons.org/licenses/by/4.0/)

Contraportada: Hanuman, the monkey god, holds a mace in his right hand and a Himalayan mountain, with the herb sanjeevani, with his left. Gouache painting by an Indian painter.
Credito: Wellcome Collection (https://wellcomecollection.org/works/dmv7fu7a). Attribution 4.0 International (CC BY 4.0) (https://creativecommons.org/licenses/by/4.0/)

Copyright © 2021 Swami Manuel
Todos los derechos reservados.
ISBN: 9798708018724

TUS CÉLULAS SE VAN DE VIAJE

DESCUBRE TUS DONES, LIBÉRATE DE ADICCIONES Y EGOS, SÁNATE Y EMPIEZA UNA NUEVA ETAPA

Viaje a los templos de Krisna, Saraswati, Hanuman, Kali y Ganesha

Swami Manuel

DEDICATORIA

Aunque estéis a cientos y miles de kilómetros, siempre estáis muy cerca.

«no distance»

CONTENIDO

INTRODUCCIÓN 11

CLASE 1 19

Los seres que habitan en ti

CLASE 2 27

Dos métodos de comunicación con tus células

CLASE 3 39

Autosanación, ganar salud.
El Templo de Krishna

CLASE 4 57

Desarrollar tus dones y misiones.
Autoconocimiento.
El Templo de Saraswati

CLASE 5 83

Trabajar las adicciones
El Templo de Hanuman

CLASE 6 105

Trabajar los miedos provocados por el ego
El Templo de Kali

CLASE 7 127

La nueva etapa
El Templo de Ganesha

EPÍLOGO 145

AGRADECIMIENTOS

*A todos y cada uno de los errores que he cometido
y situaciones difíciles que he padecido.*

Sin ellos no hubiera llegado aquí.

Introducción

En este libro te presento un curso completamente diferente a los que suelo hacer. No voy a hablar o al menos muy poco, de chakras, aura, casas encantadas, energías positivas y negativas, protecciones, etc. Hoy te propongo un gran viaje a tu interior que te aseguro te va a sorprender. En este viaje voy a exponer la realidad de las inteligencias contenidas en tu ser, las celulares y sus memorias (seres inferiores) y la de tu Ser Superior. Seres inferiores no desde el punto de vista despectivo, lo contrario, sino desde el punto de vista de seres sencillos, inteligencias básicas que componen nuestro organismo, inteligencias celulares o de grupos celulares. Por Ser Superior me refiero al ser puro conectado, a la inteligencia espiritual que todos tenemos y que debe dominar a la inteligencia más plana de nuestros seres inferiores.

Las células tienen inteligencia, sencilla, prácticamente binaria, deciden constantemente como se relacionan

INTRODUCCIÓN

unas con otras y muchas veces, como explicaré, influidas por agentes externos.

¿Te has preguntado alguna vez qué te impide a veces hacer las cosas que te propones? Desde el clásico hacer deporte, estudiar, idiomas, hasta pequeñas acciones diarias. ¿Sabes qué hay detrás del «uf no tengo fuerzas», «qué pereza ahora…», «la semana que viene lo haré....», «el lunes lo dejo…»? Ya te lo adelanto: están las memorias celulares de tus seres inferiores, que influyen y hasta toman el control de tus acciones.

¿Te has preguntado por qué hay personas que desarrollan de manera sublime sus dones? ¿Por qué un pintor desarrolla esas maravillas en un lienzo? ¿Por qué un violinista arranca esas melodías del violín? ¿Por qué alguien tiene éxito en los negocios? ¿Por qué el escritor vuelca en un libro tantas maravillas? ¿Por qué alguien tiene paz interior? ¿Por qué hay personas que tienen tanta energía? Incluso ¿por qué hay personas que gozan siempre de buena salud y alegría?

El ser humano no es solo una única inteligencia. Existen en él, principalmente, dos inteligencias: la inteligencia celular o de grupos de células, a la que llamaremos ser inferior o seres inferiores; y la inteligencia que está relacionada con el poder positivo de tu mente, el alma y el universo, a la que llamaremos Ser Superior, y que debe tener el control de las acciones y pensamientos.

INTRODUCCIÓN

Un Ser Superior poderoso es el que actúa con pureza, nobleza y coherencia. No considero que el Ser Superior sea el alma, tiene relación con ella, por supuesto, quizás podría decir que el ser superior es la representación del alma en esta vida.

La misión de este curso es ayudarte a dominar tus seres inferiores para contribuir a que tu Ser Superior logre las metas que se proponga.

Tal como explica muy acertadamente Carol K. Anthony, experta en filosofía del I Ching, nuestras células, con su inteligencia simple, reciben, por ejemplo, un impulso que indica que sus reservas están bajas y sentimos el mensaje claro y directo de «tengo hambre» o «estoy cansado». Ese mensaje va acompañado por la urgencia de solucionar el problema. Si nos disponemos a preparar la comida, esa exigencia se calma pues el ser superior acepta las exigencias del ser inferior. Quizás hasta aquí puede considerarse una reacción normal, y nada criticable, pero, siguiendo con el ejemplo de la comida, si nuestros seres inferiores toman el control y no se les domina, pueden emitir continuamente el mensaje de necesidad de alimento, de dulce y ya en otros aspectos, de tabaco, alcohol, pereza, desgana por formarse, incluso adicciones a personas o situaciones, miedos… Por otra parte, dominándolos se facilita el avance, disminuye o desaparece ese freno a

INTRODUCCIÓN

hacer cosas, o ese impulso a caer en otras que pueden ser nocivas. Los resultados son asombrosos.

La inteligencia simple de las células nunca debe dominar tu inteligencia superior, pues sería un retroceso en tu evolución. Se nos otorgó la inteligencia superior (Ser Superior) para conseguir evolución, y evolución es dominar tu vida, no que esta sea dominada por las pretensiones basadas en memorias implantadas de la inteligencia inferior (ser inferior).

Las células poseen una memoria que es la que influye en sus decisiones y emite mensajes a tu Ser Superior. Esa memoria tiene un componente adquirido desde que nacemos por las experiencias que vivimos y los estímulos exteriores que recibimos. Si desde que nacemos se nos bombardea mediáticamente con cánones de felicidad falsos, esa información llega hasta las células y su toma de decisiones estará influenciada por ello.

¿Puede un pianista llegar a tener un control tan extremo de los dedos sin tener muy controlados a sus seres inferiores? Rotundamente no. Los inferiores, en las distintas fases del aprendizaje, le mandaron infinitos mensajes de dolor, cansancio, incapacidad… Pero el Ser Superior del pianista los dominó de tal manera que logró sus objetivos.

¿Te haces una idea de hasta donde podemos llegar tomando el control de nuestro ser? ¿Imaginas convencer,

INTRODUCCIÓN

vencer o incluso desterrar lo que no te permite avanzar y conseguir tus objetivos?

Volviendo al ejemplo de la petición apremiante de comida por parte de nuestro ser inferior se observa que si obedecemos las exigencias y nos disponemos a cocinar, la sensación de hambre se relaja. El Ser Superior lanza el mensaje de actuar ante las peticiones del ser inferior y solo esa acción ya apacigua la sensación de hambre. Este hecho demuestra que el Ser Superior (de naturaleza mucho más compleja y poderosa que el ser inferior, de naturaleza simple) tiene el poder de gestionar y aplacar las exigencias triviales del ser inferior.

El siguiente paso es aprender a emitir respuestas al ser inferior sin ceder a sus demandas, cuando estas son tóxicas para la evolución personal y la salud. Este es el objetivo del curso: tener el dominio sobre tu naturaleza inferior para conseguir la paz interior y el éxito en su sentido más amplio.

Si nuestros seres inferiores son malcriados cediendo a sus exigencias y están impregnados de lo material, lo falso, el ego, los miedos, etc. tus dones (que todos tenemos y muchos) y tus proyectos, serán saboteados.

Este curso es principalmente práctico. Los ejercicios serán meditaciones guiadas para que consigas controlar a tus seres inferiores e integrar la práctica en tu día a día. Este proceso te guiará hasta tu nueva personalidad. Mediante las meditaciones vas a aprender a distinguir entre una petición coherente de la que no lo es. En consecuencia, vas a tomar el mando sobre tu cuerpo y mente.

Este curso no solo está destinado a que consigas el control de tus seres inferiores, sino que ejercicio a ejercicio, meditación a meditación, vas a hacer una limpieza profunda de tu interior, vas a eliminar todo lo implantado hasta dejar un precioso espacio vacío que solo tu vas a decorar.

El curso está compuesto por siete clases o capítulos que incluyen métodos o meditaciones guiadas para trabajar el dominio interior. Las meditaciones son ejercicios de autoconocimiento, información y desarrollo profundos. En las cinco meditaciones guiadas viajarás a templos interiores. Los poderes interiores son representados por las deidades de los templos. Encontrarás en ellos fuerza y respuestas, y estoy seguro que una afinidad difícil de explicar.

Quizás esa es una de las bases del hinduismo: la afinidad de sus deidades con nuestros poderes interiores. Estas meditaciones se convertirán en herramientas de poder tuyas, dejarán de ser guiadas y se convertirán en tus propias meditaciones. Aunque en ellas se trabajen aspectos concretos, estas son aplicables a todas las facetas de la vida que te impiden avanzar. Te ayudarán en todo lo que quieras trabajar. Te sorprenderá como puedes aplicarlas

INTRODUCCIÓN

en tantos campos, a parte de su objetivo principal. Son herramientas que te ayudarán, por ejemplo, a controlar el cansancio, la pereza, los arrebatos de ira, ansiedades, desubicaciones, incluso a adelgazar. El abanico es enorme. La aplicación posterior dependerá de ti.

Como veis, reivindico el poder de la meditación. Es de las herramientas más efectivas de autoconocimiento y avance. Mis experiencias meditativas en templos han sido, a veces, tan potentes que les debo muchísimo en lo relacionado con mi avance. Las meditaciones requieren liberar a la mente de los obstáculos que impiden conectar con el alma. Dicho de otra forma: para meditar debemos reencontrarnos con la infancia, con esa etapa en la que la fantasia era una herramienta de conexión con lo imposible. No es solo fantasear: es conectar con lo más profundo. Me encantaría que no me sigas al pie de la letra y que hagas las variaciones oportunas que se amolden a ti en las meditaciones y ejercicios.

En estos momentos quizás estás experimentando la acción de tus seres inferiores que te intentan convencer que no sigas leyendo. Es probable que te argumenten cosas como:

- Yo no estoy preparada para esto.
- No tengo tiempo.
- Me cuesta concentrarme.
- Será tirar el dinero.

INTRODUCCIÓN

- Un curso más, todos son iguales.
- Que va a pensar mi familia si me ve haciendo este curso.
- Estoy demasiado cansada como para hacerlo.
- Ya es tarde para aprender esas cosas.
- Estoy muy bien como estoy.
- Esto no es para mi.

¿Te suena alguno de ellos?

Como apunte a esta introducción, te recomiendo que tengas siempre a mano una botella de agua. En la segunda clase comprenderás el porqué.

Te enseñaré, mediante ejercicios, uno de mis más importantes y sencillos métodos de sanación. El agua, siempre presente, es vida. También te aconsejo que tengas a mano papel y lápiz para plasmar tus objetivos en cada meditación.

En referencia al aspecto y redacción del libro, he puesto en cursiva algún comentario adicional, como si fueran notas a pie de página. En ocasiones suelo redactar en femenino, otras veces no. En mi opinión hay normas gramaticales que suelen llevar cientos de años de retraso con respecto a la realidad social.

CLASE 1

Los seres que habitan en ti

Somos un complicadísimo conjunto de conexiones físicas y energéticas interiores (microcosmos) y unas complicadísimas conexiones con lo exterior y lo universal (macrocosmos). En un punto abstracto estás tú. Tu enlace entre tu microcosmos y el macrocosmos, es tu Ser Superior. Difícil definir qué es el Ser Superior. Quizás una definición aproximada sería: la inteligencia que debería estar libre de manipulaciones, que conecta los dos cosmos y gestiona los avatares de la vida. Podemos decir que el alma está detrás de tu Ser Superior, tal vez podemos afirmar que el Ser Superior es un avatar del alma en esta existencia.

Tu Ser Superior tiene unas funciones claras, mantener la coherencia con el alma controlando los actos e interacciones físicas sociales, desarrollar los potenciales y, por otro lado, conectar con lo universal. El Ser Superior quizás reside en la mente y para lograr sus objetivos debe tener el máximo control de tu ser.

En tu interior residen billones de seres inferiores. Seres sencillos de inteligencia limitada a escasas funciones. Cada célula de tu cuerpo es un ser inferior. Los seres inferiores son los encargados de facetas concretas del funcionamiento físico y emocional. Se agrupan en tejidos y estos en órganos que posibilitan el funcionamiento del cuerpo humano.

En este curso, vamos a centrarnos en el funcionamiento y sobre todo en las relaciones entre tu Ser Superior y tus seres inferiores.

Somos existencias independientes, pero a la vez dependientes de las fuerzas que equilibran el entorno. Todo lo que vemos, sentimos, comemos, bebemos, amamos, reímos, vemos, leemos, tocamos, deseamos… todo tiene una influencia en el Ser Superior y en los seres inferiores. La gestión de esas influencias, positivas o no, tiene que recaer en tu Ser Superior pues es el que dispone de una inteligencia más compleja. El Ser Superior tiene la capacidad de decidir que aceptar y que no aceptar. Los parámetros dependerán de los dones o misiones que nos depare la vida.

El problema es que los seres inferiores, a parte de realizar sus funciones básicas pero importantísimas, reciben también las influencias externas y, apartándose de su misión concreta, intentan a veces decidir que es lo conveniente o no. Desgraciadamente no tienen la capacidad para decidirlo pues no tienen una visión global sino concreta. Cuando reciben estímulos no apropiados pueden unirse para enviar mensajes al Ser Superior con necesidades inexistentes o de peligros irreales. Los seres inferiores son fácilmente manipulables, dependerá de la fortaleza del Ser Superior el mantenerlos a raya en sus funciones.

No quiero decir que los mensajes de los seres inferiores sean siempre no positivos, muchas veces, la mayoría son necesarios para el buen funcionamiento del organismo y del ser en general. Los mensajes «tengo sed», «tengo dolor», «tengo pena», «tengo alegría» que emite la inteligencia inferior de tus células, son mensajes necesarios recibidos por tu Ser Superior para su gestión. Pero, por ejemplo, si estamos viendo anuncios en la televisión y sale una bebida refrescante, los seres inferiores lanzan un mensaje manipulado de premura en apaciguar la sed con ese refresco, aún cuando no sea cierto que se tenga sed. Si el Ser Superior cede una y otra vez a estas exigencias de los seres inferiores corre el peligro de perder el control sobre ellos, y ceder ante cualquier estímulo externo. No pasa nada por ceder a un capricho de los seres inferiores, pero siempre sin perder el total control sobre ellos.

Los seres inferiores no solo están a expensas de los anuncios publicitarios, también lo están de todo tipo de interacciones con los demás, la sociedad en general y las energías positivas y negativas que puedan recibir.

Creo que nacemos con un funcionamiento correcto en la relación del Ser Superior con los inferiores. Es a los pocos meses de vida cuando la intoxicación empieza. No solo es así ahora, ha sido así siempre.

Voy a hacer una afirmación arriesgada, pero que creo cierta, al menos en gran parte. Muchas malas decisiones que se toman en la vida son debidas al dominio de los inferiores. En un extremo, muchos delitos son consecuencia de ello. Por supuesto muchos bloqueos, enfermedades, adicciones, miedos y vidas perdidas sin descubrir los maravillosos dones naturales que todos tenemos. El dominio de los seres inferiores sobre el Ser Superior es una intoxicación anti natura del alma por lo exterior y falso. El ser inferior cae en las promesas de falsa felicidad que recibe de los agentes manipuladores sociales.

Hay muchos niveles de intoxicación de los seres inferiores y en consecuencia de afectación en el Superior. Saber en que nivel se está requiere un proceso de autoconocimiento, autocrítica intensa. Hay un ejercicio que voy aconsejando para tomar consciencia de ellos y medir tu nivel de intoxicación de los seres inferiores. Son las renuncias a algo por un periodo de tiempo. Este ejercicio ya no solo sirve para saber el dominio que tienes de tu ser, sino que es un ejercicio práctico de «reeducación» de los seres inferiores. Es en este tipo de ejercicio cuando más consciencia se toma de su existencia. Cuando, por ejemplo, se hace el ejercicio de renuncia solo 24 horas a la tv o a las redes sociales, el impedimento y la tentación vienen de los inferiores. ¡Es ahí donde los reconoces! Si: son ellos los que te hablan, los que te dicen que debes conectarte, lo inútil del esfuerzo, etc. Si renuncias al dulce, o haces ayunos, ocurre exactamente lo mismo: son ellos los causantes del estado de ansiedad que boicotea tu esfuerzo. ¿Tantos ejemplos verdad?

Evidentemente no son todas tus células que te boicotean, sino grupos de ellas que pueden estar distribuidas en partes diferentes de tu cuerpo.

Te preguntarás como es posible esa intoxicación de agentes externos si esas células no están expuestas a ellos, no tienen ojos ni oídos. Sus ojos son tus ojos, sus oídos son tus oídos, tu placer es su placer, tus tentaciones son sus tentaciones, tus alegrías, tus penas… Aunque parezca que hable de dos bloques, no es así, todo tú eres uno: tú eres una célula, un grupo o tu Ser Superior. Cuando hay conflicto es una guerra civil, no una guerra con un tercero.

Es sabido que el ser humano tiene una fuerza y potencial formidables. En situaciones extremas saca fuerzas de donde no las hay. Esa situación extrema es un golpe sobre la mesa dirigido a los inferiores, a todo el ser, para conseguir un objetivo realmente vital. Esta es otra prueba más de que el poder, el mando, está en el Ser Superior.

La conciencia de la existencia de estos dos bloques surge normalmente de los problemas. Las dificultades hacen ver que algo va mal, y en muchísimas ocasiones las causas suelen estar en el dominio de los seres inferiores. Imaginemos a alguien que está sin trabajo y vive con sus padres. Pudiendo por ejemplo estudiar un idioma o hacer un curso de lo que sea, no lo hace por absoluta comodidad. Los seres inferiores, siempre reacios a los cambios, lanzan el mensaje primitivo de ahorro de energía, ahorro de esfuerzo. Esa persona no domina sus seres inferiores y se deja llevar por ellos. Mientras esté donde está nada pasa, no hay problemas; pero en el momento que decide, o se ve obligado a marchar, se da cuenta del problema que tiene, se da cuenta que algo en el no le dejaba avanzar. El problema de sobrevivir sin el amparo de los padres hace que esa persona entre en crisis y puede hacer que despierte y llame al orden a sus seres. Es solo un ejemplo, pero aplicable a cualquier cambio. Otro ejemplo: una pareja rota. Seguir con la relación sin realizar cambios puede ser consecuencia del mensaje de miedo que lanzan los seres inferiores al Ser Superior. Miedo al cambio, miedo a vivir en soledad, a no estar acompañado, etc.

CLASE 1 – LOS SERES QUE HABITAN EN TI

Cuando es inevitable, el problema puede hacer que se tome consciencia de la actitud manipuladora de los seres inferiores boicoteadores de cambios. Desubicaciones, ansiedades, depresiones, tristezas, mal humor, enfermedades, adicciones, aislamientos negativos, malas decisiones, comportamientos autodestructivos... muchos son los ejemplos de bloqueos ocasionados por el dominio de los inferiores. Los problemas pueden ser los detonantes de los grandes avances.

Desde esta visión, el enemigo exterior (otra de las grandes bazas de los inferiores) desaparece. El culpabilizar a los demás, a la sociedad, a que no te comprendan, etc. queda casi fuera de lugar pues se ha cedido el control a esos estímulos no positivos. Desde luego que la sociedad tan mal estructurada causa muchos problemas. La sociedad y sus normas ha sido causa de muchos problemas y siempre lo será. Pero ahora la batalla va a residir en tu interior, que es donde nunca tenían que haber llegado y prosperado esas energías manipuladoras. Y así va a ser este curso: un trabajo plenamente interior, de autoconocimiento y sanación.

Hablar con tus células no es una fantasía. En este curso, a partir de ahora, vamos a hablar con ellas y a intentar despojarlas de lo que les manipula y enferma. Para entablar esa comunicación con ellas debemos practicar la unión con ellas. Somos plenamente conscientes de nuestra mente y nuestros pensamientos, pero no se suele ser consciente de los pensamientos sencillos de las células o grupos de células. Hay una distancia, casi una desconexión con sus pensamientos.

CLASE 2

Dos métodos de comunicación con tus células

En esta segunda clase vamos a ejercitar la comunicación con las células o grupos de células utilizando dos métodos practicos: el método directo de introspección meditativa y mediante la carga de agua con intenciones destinadas a un punto. Estos ejercicios son comodines que pongo en vuestras manos para trabajar cualquier aspecto físico o espiritual. Creo que su eficacia te va a sorprender. El segundo ejercicio, basado en carga vibracional de agua, tendría que pasar a ser costumbre diaria o casi diaria. Cuando lo leas espero haberte transmitido su importancia.

Método introspectivo para comunicarse con las células: Visión del paracaidista.

Tu Ser Superior tiene grandes poderes desconocidos sobre tu cuerpo. Es desde ese Ser Superior que vamos a contactar con una célula o grupo de ellas. El pensamiento es una de las residencias de tu Ser Superior y vamos a utilizarlo. Me gustaría que localices una célula o grupo de células de tu cuerpo. En esta clase no con la intención principal de tratar una enfermedad, que también, claro (en la siguiente clase hablaremos profundamente de ello) sino con la intención de aprender a localizarlas y aprender un método para tratarlas. Vamos a entablar contacto por ejemplo con las células del corazón. Suelo utilizar vías de comunicación del cuerpo físico, como el sistema nervioso, digestivo, respiratorio, circulatorio y linfático, pero muchas veces no soy consciente de esas vías: sencillamente se utilizan. Cada uno puede elegir el sistema con el que se sienta más cómodo. Los sistemas son las carreteras por las que vamos a viajar hasta el destino, un pequeño «pueblo» celular o una unidad celular. Lo apasionante de estas excursiones es que, desde el primer momento, entablamos conexión con las células del camino, como ahora veremos. Aunque el título de este libro es «Las células se van de viaje» primero viajaremos hasta ellas, para conocerlas y dominar las vías de acceso. Más adelante ellas serán más protagonistas.

CLASE 2 – DOS MÉTODOS DE COMUNICACIÓN CON TUS CÉLULAS

Empezamos el viaje. Aconsejo realizarlo con los ojos cerrados para centrarse absolutamente en el interior. Desde la mente (suele ser el punto de partida) vamos a reunir la esencia del tu Ser Superior. Esta esencia la podemos visualizar como una esfera de luz en la que hemos concentrado nuestra energía superior. Crea, moldea, amasa esa esfera de luz, si quieres ayúdate de tus manos. Toma tu tiempo, piensa en luz, en lo que representa para la vida, para el mundo animal y vegetal, y atrápala entre tus manos con sumo cariño. Una vez creada, lentamente empieza el viaje, vamos a moverla, a hacerla viajar por nuestro cuerpo. Durante el trayecto en dirección al corazón, vas haciendo paradas no previstas, recogiendo más luz. Un punto potente al principio del viaje es el ajna, el chakra de la frente, lo puedes notar un poco más arriba del medio de los ojos o en el mismo punto medio. Parece que en ese punto, los ojos y sus células den más luz a la esfera viajera. Seguimos el recorrido bajando hasta nuestro olfato y al respirar aumentamos la luz de la esfera, respira luz. Bajamos a la garganta y respirando por la boca enriquecemos con más luz. Una vez a la altura del centro del pecho, en el chakra corazón, fábrica de amor universal, acompañándonos de respiraciones, damos capas de luz llenas de amor a nuestra esfera. En ese punto los caminos se estrechan y serpentean hasta que llegamos al corazón. Sus latidos nos acompañan. La esfera de luz va dejando sobre él una estela de vida, de

CLASE 2 – DOS MÉTODOS DE COMUNICACIÓN CON TUS CÉLULAS

regalos desde nuestro Ser Superior. Dentro del corazón, en sus tejidos, al acercarnos, vemos millones de puntos en movimiento. Los vemos desde la altura, como si lo observáramos desde un avión. Bajamos la luz sanadora, nos acercamos con ella, nos lanzamos en paracaídas desde un avión imaginario, descendiendo lentamente y eligiendo el lugar donde vamos a aterrizar inundando de esencia de sol. Ya se pueden distinguir de entre toda esa masa celular, las células individuales. Las visualizo como esferas una pegada a otra que miran hacia esa luz que se acerca con curiosidad y alegría. Me centro en un grupo más pequeño, quizás veinte o menos y ya sobre ellas empiezo a descargar el mensaje de luz del Ser Superior completamente lleno de amor. Visualizo una lluvia de luz que cae a cámara lenta, como copos de nieve. Distingo una célula en particular, hermanada con la de sus lados y estas con la de sus lados. Deposito esa gran esfera de luz y de vida sobre ellas, las cubro de luz y poco a poco cada una de esas células la absorben y la hacen propia. Reciben el mensaje de unión con el Ser Superior y se sienten sanas, fuertes y dispuestas a seguir así. Toda la esfera de luz se ha disuelto en ellas. Las memorias que las distraían se difuminan y se crean memorias positivas. No hay viaje de vuelta pues es un viaje a uno mismo.

¡Buen trabajo!

CLASE 2 – DOS MÉTODOS DE COMUNICACIÓN CON TUS CÉLULAS

Te animo a practicar este ejercicio tratándote cualquier malestar físico o emocional. Si es físico, su localización suele ser clara. Si es emocional, busca en tu interior donde reside esa emoción afectada, cree en ti, no tengas dudas. Una vez localizada, baña de luz el lugar.

En energías la constancia es necesaria. Quizás se tiene implantada la imagen del efecto milagroso de una sola acción. Yo creo que sea así, pueden haber avances enormes con una sola sesión, por supuesto, pero como todo en la vida, hay que practicar. Con contancia se pueden conseguir los objetivos.

Método de comunicación con las células mediante agua vibracional.

Llevo muchos años hablando de los efectos asombrosos que produce el agua cargada con intenciones en nuestro cuerpo físico y espiritual. En prácticamente todos los cursos presenciales que he impartido, se realizan ejercicios de carga de vibraciones en el agua. No se suele dar demasiada importancia a nivel energético a bienes abundantes, como el agua y la luz. Es probable que algo o alguien superior nos mire con cierta desesperación al ver que estamos rodeados de esos tesoros energéticos y no les damos la importancia adecuada, más allá de la estrictamente física.

CLASE 2 – DOS MÉTODOS DE COMUNICACIÓN CON TUS CÉLULAS

Vamos a hacer una práctica con la intención de llevar energía a un punto con agua a la que le emitiremos vibraciones. Puedes trabajar tanto en el método anterior como en este, cualquier punto de tu cuerpo, ya sea físico, energético o emocional. Incluso puedes cargar agua solo con la intención de que llegue a todo tu ser, no a un punto específico. Vamos a trabajar por ejemplo el cansancio no natural. Contactaremos con las células que originan esa sensación de agotamiento sin causas claras. Nuestro trabajo va a consistir en llevar energía potente mediante la carga de agua que va a realizar principalmente tu Ser Superior conectado con lo universal.

Tienes entre tus manos una botella de agua de cristal o metal. El agua contenida en ella debe ser lo más pura posible. Si el agua corriente de tu casa no tiene muchos añadidos, perfecto. Sino, te recomiendo utilizar agua embotellada.

Suelo visualizar el cansancio sin causa aparente, como un lugar con poca luz en el que las células se adormecen. Nuestra función va a ser llevar luz a esas células para reactivarlas. En este caso, ¿cómo saber donde residen esas células? Es difícil localizarlas pues pueden estar distribuidas en todo el cuerpo, aunque tanto el cerebro, el corazón, como el sistema muscular en mi opinión son puntos a tratar. Puede ser, también, que el cansancio sea la expresión física o emocional de un problema, lo que

CLASE 2 – DOS MÉTODOS DE COMUNICACIÓN CON TUS CÉLULAS

hace más difícil su localización. Por ello este método con agua en la que transmitiremos nuestras vibraciones es efectivo.

Tu Ser Superior es la inteligencia compleja que debe dominar a tus seres inferiores. Está conectado a lo físico, a la tierra y a lo universal. Esa conexión es la que nos ayudará a impregnar de millones de esferas de luz el agua que tienes en tus manos. Esos millones y millones de esferas de luz van a ser las encargadas de enriquecer las células cansadas y, por añadidura, van a dar luz a puntos que necesiten energía. Una de las muchas funciones de tu Ser Superior es el cuidado de tus seres inferiores, de tus células. Vamos a trabajar conscientemente esa labor.

Con la botella entre tus manos, y centrada en tu Ser Superior, vas a viajar a lo universal. Vas a ir en busca de luz para atraparla en billones de partículas, de fotones de luz. Para ello, tu Ser Superior va a elevar sus energías hacia el sol. Cierra los ojos si lo deseas y siente tu chakra corona (el chakra de la parte superior de la cabeza) como parece que se abra y emita energías hacia el universo. Visualiza esas energías como se ven atraídas por nuestro origen de la luz: el sol. A medida que se elevan, se moldean en forma cónica, como si fuera un embudo, en tu chakra corona la parte estrecha y se va abriendo hacia el sol para captar las máximas esencias de luz. Estás formando un mecanismo para atraer esencia de luz. Ese

CLASE 2 – DOS MÉTODOS DE COMUNICACIÓN CON TUS CÉLULAS

embudo va recogiendo luz de un espacio muy amplio y lo hace fluir hacia ti. En cada respiración puedes visualizar como aspiras esos fotones o cuantos de luz. Miles de millones de ellos caen, suavemente, en tu Ser Superior. Miles de millones de micro esferas de luz pura que caen suavemente en tu chakra corona, de forma continua. Desde ahí, desde esa puerta de entrada a lo universal, desde tu Ser Superior, el río de esferas de luz baja a tu frente, a tu garganta, al centro de tu pecho y a continuación a tus brazos y manos hasta la botella de agua que va a ir absorbiéndolo todo. Los billones de micro esferas de luz se van trasladando al agua y la cargan, como si de una batería infinita se tratara. Mira el agua si lo deseas.

Estás conectada al sol, a la luz, recogiendo sus frutos y entregándolos al agua. En el recorrido interior de ese rio de luz, las células de tu cuerpo también se enriquecen. Tu Ser Superior te puede ayudar a sentir ese recorrido. Ligeros cosquilleos pueden aparecer en cualquier lugar, son reacciones vibracionales al baño de luz.

Cuando lo creas conveniente y agradeciendo al origen de la luz sus frutos, cierras suavemente ese canal y te centras en ti. Es el momento de dar instrucciones a ese tesoro que tienes en tus manos. Vas a pedir a los billones de moléculas de agua, a sus billones de átomos de hidrógeno y oxígeno, llenos de luz, que la componen, que se vuelquen en tus células cansadas y que te originan cansancio.

CLASE 2 – DOS MÉTODOS DE COMUNICACIÓN CON TUS CÉLULAS

Explica a esas moléculas formadas de átomos llenos de luz universal, que van a ser parte de tu ser. Diles que van a formar parte de ti, del 75 % del agua que eres. Pídeles que, al llegar hasta el último rincón de tu organismo, inunden de luz especialmente a las células cansadas y que esa agua sea el agua regeneradora de esas células.

Puedes contarle también cosas sobre ti, de tu vida, de los tuyos y lo que harás con la energía para que todos estén mejor. Háblale, pues te estás hablando a ti, esa agua va a ser parte de ti. Dile también que quieres que esa agua arrastre lo no positivo y lo elimine de tu organismo. El agua va a bañar una a una tus células, la parte pura quedará en ti, los restos de esa limpieza los eliminarás.

Cuando creas conveniente, de nuevo agradeciendo, abre la botella y bebe con consciencia total de lo que estás logrando. Bebe pensando en que bebes luz y que desde tu boca va a ir a tu sistema digestivo, a tu sangre y a todo tu interior.

Bebe y agradece.

Sin duda creo que eres plenamente consciente de las extensas aplicaciones de este método de tratamiento celular. Tus seres inferiores reciben la luz y aumenta la conexión positiva con tu ser superior que ha asumido su control.

¡Buen trabajo!

Aunque este curso está dirigido a ti, a tu propio ser, quizás te haya venido la idea de enriquecer agua para otras personas. Sin duda alguna es perfectamente posible. Es un ejercicio precioso cargar agua con sensaciones positivas de cara a ayudar a alguien que necesita un empujón energético. Es bueno aplicar en ese caso la empatía, el no juzgar ni imponer ideas, es necesario el total respeto hacia esa persona. El mensaje añadido debe ser principalmente un mensaje de amor, nunca un mensaje de imposición a realizar alguna acción. Quizás es más conveniente realizar esa acción una vez terminado este curso pues, como verás, vamos a intentar vaciar muchas ideas y memorias implantadas en el interior.

La visualización de la luz para cargar el agua es solo una de las muchas que seguro que encontrarás. Puedes pensar en la naturaleza, en tierra, plantas, lluvia nubes, cielo... Todo lo que tenga su origen en la naturaleza y lo universal.

Como anécdota os contaré una experiencia curiosa. Hace años, en un viaje coincidí con un grupo de personas en un alojamiento. Casi todos viajaban solos o como mucho en pareja. Normalmente las conversaciones en esos encuentros suelen estar dentro de los parámetros normales de formalidad, aunque es cierto que hablábamos un poco de temas energéticos. No sé porqué razón, a una de esas personas le dio un ataque de risa incontrolable. Daba alegría verla reir. Le puse en sus manos una botella de agua que había

CLASE 2 – DOS MÉTODOS DE COMUNICACIÓN CON TUS CÉLULAS

sobre la mesa sin poder explicarle la razón. El ataque de risa aumentó con la botella en sus manos. Al cabo de un par de minutos, empezó a cesar. Evidentemente nos había contagiado al resto. Sorprendida miró la botella y me preguntó que hacía en sus manos. Le dije que pusiera un poco de agua a la persona de su lado, así lo hizo. Esa persona bebió y al momento estalló de nuevo en risas contagiando a los demás. El agua había sido cargada de forma involuntaria con alegría y al beberla había hecho su efecto en otra persona. Evidentemente no todos estaban deacuerdo, pero a medida que bebían estallaban en risas.

En estas dos primeras clases hemos conocido la existencia de esas inteligencias interiores (seres inferiores) contenidas en las células o grupos de ellas, y la inteligencia superior (Ser Superior), que es la principal de tu ser, y debe tener el control sobre el resto. Se ha explicado desde esta perspectiva como las influencias externas afectan y crean memorias en cada una de las células, y la necesidad de liberarse de las memorias implantadas por lo superficial. Hemos practicado dos ejercicios para conectar y sanar células o grupos de ellas y en consecuencia hemos meditado. Se ha ejercitado, también, la canalización con todas las ventajas añadidas para la salud física y espiritual. Y, finalmente, se ha abierto la puerta al tratamiento de otras personas con nuestro trabajo energético.

38

CLASE 3

Autosanación, ganar salud. El Templo de Krishna

Desde el punto de vista energético, un mal físico aparece cuando una zona de tu cuerpo no recibe la energía que precisa de forma continuada. La zona física, ese punto, o puntos, no recibe el alimento necesario para su correcto funcionamiento. Esos puntos suelen ser puntos débiles que todos tenemos en nuestro organismo pero no tienen porque aparecer de forma prematura. La causa son los bloqueos energéticos que impiden una correcta canalización en esos puntos. La mala canalización puede deberse a muchas causas, desde un bloqueo emocional, malos hábitos, entorno energético difícil, hasta una falta de coherencia entre el alma y las acciones.

En esta clase vamos a tratar de conectar con la o las zonas afectadas para destruir lo no positivo que las

CLASE 3 – AUTOSANACIÓN, GANAR SALUD.

enferma y así ayudar para que vuelvan a su estado normal. Soy consciente de lo difícil que es trabajarse energéticamente cuando tenemos un mal físico que nos perturba pero espero que el notar resultados positivos, no solo te alivie, sino también te anime a ser consciente de tu fuerza. En los dos primeros ejercicios realizados en el capítulo anterior espero haber despertado en ti esa curiosidad, e incluso resultados que te estimulen a seguir con fuerza en este gran trabajo interior. En ellos hemos practicado la sanación de dos formas que seguro que formarán ya parte de tus trabajos periódicos. Pero vamos a ir más allá.

En la primera clase hablé de la inteligencia inferior que es la que reside en las células o grupos de células. Inferior no desde el punto de vista despectivo, insisto, sino como inteligencia sencilla, básica. Una célula tiene poco poder de decisión. Según un estudio realizado por el equipo de Andre Levchenko, del Instituto Johns Hopkins, para Ingeniería Celular, una célula puede tomar dos decisiones posibles ante un estímulo. Estas decisiones se cuantifican en 0,92 bits. Sin embargo, a medida que se agrupan, por ejemplo, 14 células pueden llegar a tomar hasta tres o cuatro decisiones para el grupo, lo que equivaldría a 1,8 bits. Tu Ser Superior mediante tus sentidos y tu mente puede percibir 11 millones de bits por segundo, aunque de esos llega a asimilar 50 bits por segundo. (Zimmerman, M. -1989).

CLASE 3 – AUTOSANACIÓN, GANAR SALUD.

Estos datos, llevados a nuestro campo de estudio energético, nos dan una idea del concepto planteado de los seres inferiores (inteligencia inferior) y del Ser Superior (inteligencia superior). Una célula ante un estímulo, solo puede tomar dos decisiones: Si, o no; acepto o no acepto, y llevado al extremo, enfermo o no enfermo. Es bien cierto que el cuerpo humano está diseñado para sobrevivir, aunque ese diseño incluye una fecha de caducidad a partir de la cual la resistencia a lo no positivo (en este caso la enfermedad) disminuye.

En otro estudio realizado por el CSIRO (Organización de Investigación Científica e Industrial del Commonwealth) y publicado en la revista Scientific Reports, afirma que la esperanza de vida natural del ser humano es de 38 años, pero esta se ha alargado por los avances en la medicina, alimentación y hábitos. Enlazando esta afirmación con la capacidad de decisión de las células, podemos pensar que a partir de esa edad, los 38 años, la respuesta celular positiva ante una enfermedad no es tan potente. Su programación simple (seres inferiores) hace que su capacidad de respuesta ante un estímulo no positivo (enfermedad) no sea tan enérgica. La comunicación celular nos ayudará a influir en ellas cuando se disponen a tomar una decisión binaria.

Esta es una de las bases científicas que sostienen la conveniencia del control o al menos de la influencia del Ser

Superior sobre las células. Tu Ser superior está capacitado para influir en ellas y ante esas decisiones binarias, influir con los parámetros que creamos adecuados. En el caso de querer ganar salud, transmitirles todos los mensajes energéticos posibles para que las células dañadas opten por su recuperación y no se dejen arrastrar y contagiar unas a otras.

Un cáncer se origina por mutaciones del ADN, por cambios en la configuración genética de una célula. Una célula normal vive un tiempo determinado y durante ese tiempo se divide y muere. Es el proceso normal. Una célula cancerosa «pierde» esa capacidad de morir y se divide sin límite formando tumores (Fuente SEOM – Sociedad Española de Oncología Médica). El momento clave es la «decisión» binaria tomada por la célula, su resistencia a esa mutación no positiva. Este es el tema clave de este curso: Influir desde el Ser Superior para alimentar y dar fuerza extra a los seres inferiores. En este capítulo hablamos de cómo superar enfermedades por medio de esta comunicación.

En la clase anterior ya he expuesto dos maravillosos ejercicios «comodín» aplicables a la mayoría de situaciones que nos depara la vida. Sin duda, si tienes un mal localizado, de cualquier tipo e intensidad, el trabajo con esos dos ejercicios te va a proporcionar fuerzas a tus células dañadas. Los dos ejercicios de lanzar luz y

CLASE 3 – AUTOSANACIÓN, GANAR SALUD.

beber luz deberían ser ejercicios cotidianos de sanación y prevención de enfermedades. La luz, su misterio, saber su esencia (que nadie ha podido explicarla) es para mí una de las fuentes de sanación. La luz, junto con el agua, es origen del todo. Estamos rodeados de tanta luz y de tanta agua que no le damos la importancia que merece. Cuando hay sequías es cuando se toma conciencia del valor del agua. En los lugares que las sufren de forma violenta, aprecian su valor. Igualmente ocurre con la luz: en aquellas regiones en que están a osucras durante varios meses al año, cuando llega la luz aprecian su auténtico valor. En mi libro EVOLUTIO ya hablo de la luz y su importancia e incluso propongo ejercicios para respirar la luz. Está ahí: al alcance de todos. Transcribiré un pequeño párrafo del Mahabharata, escrito hace miles de años (no queda claro cuando) que resume en unas líneas lo expuesto:

«Al principio las criaturas nacían con hambre. Para ayudar, el sol se inclinó la mitad del año hacia el norte y la otra mitad hacia el sur y absorbió los vapores. La luna convirtió los vapores en nubes y mandó lluvia, y creó el mundo vegetal, que alimenta la vida y simultáneamente da lugar a los seis tipos de gusto. Es la energía del sol la que sostiene la vida. Todos los reyes de la antigüedad han mantenido a sus súbditos rezándole al sol.»

CLASE 3 – AUTOSANACIÓN, GANAR SALUD.

Quiero aclarar que ni creo en la inmortalidad del cuerpo físico ni estaría de acuerdo con ella en ningún caso. La única verdad demostrada desde que nacemos es que morimos. Parece una señal lo apuntado anteriormente que cuando una célula no muere se convierte en tumor. El cuerpo muere (pese a la genial afirmación de Eduard Punset en el programa de TV3 «El convidat» donde afirmó que no estaba demostrado que él fuera a morir). Mi misión planteando estos ejercicios es ser máximo dueño del tiempo que vamos a vivir y vivirlo con la máxima salud posible, física, emocional y mental.

Tampoco quiero aparentar que este método sea la solución a tantas terribles enfermedades que nos azotan. Creo que quienes hacen tales afirmaciones rotundas, asegurando que han encontrado el método para sanarlas, están poseídos por oscuros intereses, por egos monumentales o por grandes ignorancias. Yo creo plenamente en este método de comunicación entre el Ser Superior y los seres inferiores como vía para mejorar o incluso solucionar muchos estados, y así lo expongo en este trabajo, pero no se me ocurriría tener la prepotencia de difundir la solución definitiva a la enfermedad. Lo que puedo afirmar con rotundidad es que esa comunicación interior es un tratamiento efectivo de mejora y, por supuesto, preventivo ante las enfermedades.

Ya hemos trabajado con el contacto celular. He querido que tengas esta experiencia desde el principio para disfrutar y trabajar desde otros puntos de vista los seres inferiores. Es bueno no centrarse solo en un método, por lo que a partir de ahora, vamos a explorar mediante meditaciones guiadas, lo más profundo de tu interior.

Las meditaciones son un recurso vital del autoconocimiento. De niños el fantasear es innato y desgraciadamente se va perdiendo a medida que pasan los años. El causante de esa pérdida es lo que los agentes manipuladores sociales y los poderes llaman la realidad, pero en verdad es su realidad, su realidad impuesta, la maraña de deseos inducidos que hacen que tu mente, solo tenga tiempo para intentar conseguirlos, sin saber que el deseo inducido es de los mayores obstáculos de la paz interior. En las meditaciones se utiliza la elasticidad de la mente para obtener respuestas. Cuando meditamos no solo fantaseamos, ni mucho menos, nos reencontramos y conectamos con algo que nos da muchos beneficios, respuestas, paz, alegría, viajes, reencuentros, futuros, pasados… Una meditación bien analizada es un gran almacén de mensajes que nos ayudarán. La meditación es un medio de controlar el propio ser y conocerlo. En nuestro caso, es una gran herramienta para conocernos, acercarnos e influir en nuestros seres inferiores, en nuestras células.

CLASE 3 – AUTOSANACIÓN, GANAR SALUD.

En las meditaciones guiadas, que os propondré a partir de ahora, vais a viajar a lugares de reencuentro que quizás os resuenen en el interior. Vais a añadir el componente maravilloso de la fantasía, sí, como un ingrediente más del viaje. La fantasía es una facultad humana poco valorada. Su definición dice mucho: «Facultad humana para representar mentalmente sucesos, historias o imágenes de cosas que no existen en la realidad o que son o fueron reales pero no están presentes».

Utilizaremos esta facultad maravillosa como llave para trabajar el interior. ¿Me acompañas?

Tienes ya en tu poder una idea de los seres que residen en ti y de cual es tu situación interior. También tienes en tu poder la información necesaria para comunicarte con ellos, pero vamos a ahondar más en esa comunicación.

En este primer viaje de exploración al interior vamos a intentar encontrar una herida interna y trabajar para sanarla. Es posible que en esta meditación que vamos a realizar, puedas hasta tener indicios de las causas de ese mal, su origen. A veces aparecen esas visiones como mensaje de tu alma para evitar que repitas pautas que han llevado a una enfermedad. Si estos mensajes no aparecen, no quiere decir que has hecho algo mal, nunca tengas esa percepción.

CLASE 3 – AUTOSANACIÓN, GANAR SALUD.

Antes de empezar esta primera meditación, quiero que visualices un mal físico o emocional. Puedes trabajar cualquier anomalía por pequeña o superficial que parezca. A nivel físico desde una simple lesión o dolor pasajero, hasta algo más complejo. Incluso puedes trabajarte, por ejemplo, la vista, que con la edad se va perdiendo, o el oído, la memoria… todo es posible trabajarlo. A nivel emocional, todo lo relacionado con ellas, tristezas, ansiedades, desamores, enganches, rabias, etc. Si quieres, escríbelo en un papel para implicar a tus sentidos. También, como indiqué en la introducción, ten a mano tu botella de agua.

Prefiero que solo sea una cosa la que te dispongas a trabajar, ya repetirás el ejercicio para ocuparte de otros males. Recuerda que es el trabajo realizado con constancia el que da resultados. Realizar un ejercicio de autosanación con una petición genérica como «quiero estar bien», es menos potente que trabajar un tema concreto. A veces es difícil identificar sobre todo a nivel emocional lo que pueda ocurrir y eso dificulta el hacer una petición concreta, pero hay que intentar arrancar esa concreción. El esfuerzo por conseguirlo ya es parte del ejercicio.

¿Lo tienes? No pienses demasiado en cual elegir, aunque sea muy leve. La finalidad de este curso es enseñarte herramientas de trabajo para que tú seas autosuficiente. Acótalo y empezamos. Vamos a empezar a viajar hacia una ciudad maravillosa. Empieza el viaje de autoconocimiento, desde ya, tus células van a empezar a viajar para conseguir liberarse. Tú las guías, tu Ser Superior las guía.

Recuerdo por último que las meditaciones son elásticas, es bueno que las leas y sientas y después puedes repetirla incluso sin leerla, amoldándola a tus circunstancias. Son mis meditaciones tal y como yo las he vivido, hazlas tuyas y vívelas a tu manera.

Bienvenida, bienvenido a la ciudad de los mil templos.

VAMOS A MEDITAR

Estás ante un lugar magnífico, en las afueras de una pequeña ciudad amurallada en la que se distinguen desde el exterior las torres de muchos templos. Quizás estás en algún lugar de oriente. Has dedicido emprender un viaje sin rumbo fijo, con muy poco equipaje. Es un viaje fuera de las rutas turísticas, no te atrae ver lo que quieren que veas, te atrae sentir, sin más. Es tu viaje, no su viaje; es para ti, no para los demás. No estás huyendo de nada, estás buscando algo sin saber que es. Al cruzar la gran puerta de entrada, una de las varias que tiene la ciudad, te encuentras en una calle amplia que hace de mercado callejero. En el suelo cientos de personas ofrecen sus productos, frutas, verduras, artesanía, todo tene cabida. Lo cruzas admirando todo lo que te ofrecen y tus pasos se dirigen hacia una de las edificaciones. Es

CLASE 3 – AUTOSANACIÓN, GANAR SALUD.

un templo sobrio en cuya puerta hay esculpidas preciosas imágenes de lo que te parecen ser bailarinas. Subes las escaleras de entrada hacia la puerta, dejas el calzado en el exterior y junto a él las barreras que te impiden conectar con tu ser. Es una de las maravillas de los templos: abren el alma. Una figura en piedra negra de un joven apuesto tocando una flauta te hace saber que el templo está dedicado a Krishna, el octavo avatar de Vishnu, la querida divinidad hinduista con muchos poderes de los que te atraen principalmente los referidos al amor universal y la destrucción del dolor. Que mejor antídoto para el dolor, y lo que lo causa, que el amor, piensas.

Al entrar ves muchas puertas que comunican a muchas salas. No estás en el templo en sí, sino en estancias adyacentes. Te diriges a una de esas salas y ves un espacio grande, con muchas columnas cuadradas y con muchas camas. Parece una gran sala de hospital. Es una estancia donde niños y niñas son tratados de sus heridas. Están muy cerca unos de otros. En la cúpula de ese espacio, una apertura deja pasar una pequeña brizna de luz. Te acercas a las camas y descubres que los pacientes son imágenes de ti, son tus niños/as interiores, son las células de tu cuerpo afectadas por el mal que vas a tratar. Es el objetivo que tienes apuntado en el papel. Las ves asustadas, temerosas, confusas y desorientadas pues no saben porqué están ahí en ese estado. Para tu desesperación, están encadenadas a sus camas. Miras el papel en el que has escrito el objetivo a sanar y sabes que estás ahí para liberar a tus células, a tus seres inferiores del dolor y de lo que lo causa. La sala es la zona de tu mal y estás viendo súper ampliado tu propio físico. Te dispones firmemente a limpiar toda esa sala.

Miras a la cúpula y ves que la entrada de luz está cubierta por una tela sucia y oscurecida. Cuando llueve, esa tela deja pasar el agua pero impregnada de suciedad. Piensas que es conveniente quitarla, para que la luz y el agua pura entre en la sala, pero está muy alta. Buscas una escalera por toda la sala y no la encuentras. Entonces ves una puerta al final de la estancia. Te diriges hacia ella y la abres. Para tu sorpresa esa es la entrada al templo de Krishna. Entras en él y sientes amor, mucho amor y protección; te sientes bien. Una melodía de flauta genera un ambiente ideal de paz. Apoyada en una pared ves una escalera y agradeciendo a Krishna la coges y te la llevas a tu sala. «Ojalá pudiera transmitirles a mis células la paz y el amor que se siente en el templo», piensas. Sitúas la escalera bajo la cúpula y arrancas la tela que tamiza la luz. El efecto es asombroso: la luz recorre todos los rincones de la sala, la luz de la vida. Tela y polvo caen al suelo. Te planteas si el hecho de que no llegara la luz clara y limpia puede ser la causa del mal, y te preguntas quién pondría esa tela y cómo la dejó tanto tiempo ahí. Puede que en este momento te vengan recuerdos del pasado. Miras de

CLASE 3 – AUTOSANACIÓN, GANAR SALUD.

nuevo la hojita y vuelves a pensar en el origen de esos males y en esos recuerdos.

La suciedad acumulada en la tela, y la misma tela, están esparcidas por el suelo. Son los restos del malestar, del dolor. Entra muchísima luz en la sala pero no es suficiente para dar una sensación de pureza en todo el interior. La cúpula abierta deja entrar aire limpio, y mucha luz, y tus células empiezan a respirarlo y a sentir alivio. Respira con ellas. Una masa de nubes cargadas de agua se distingue en el cielo. Incomprensiblemente, aunque su espesura debería eclipsar la luz, no lo hace y empieza a descargar agua purísima sobre la sala. La luz del sol y el agua de lluvia entran en todos los rincones de la sala y bañan todo lo contenido en ella. Tus células y tu misma estáis bajo una ducha natural de agua y luz. Es sorprendente como el color grisáceo que tenían tus seres inferiores enfermos va desapareciendo al mojarse de agua y luz. El color se torna natural, del color de tu alma. Miras al suelo y ves como la ingente cantidad de agua, con los restos de suciedad, se canaliza en conductos que desembocan en el exterior. La tela se deshace, como si fuera un terrón de azúcar, y, también, es arrastrada hacia el exterior. En un rato deja de llover y la sala queda limpia y reluciente. Tus seres, tus células, parecen otras, se han despojado de miedos y de suciedad, han dado un salto cualitativo enorme en su estado general. La luz sigue llenando la sala y todos los que estáis en ella. Las cadenas

CLASE 3 – AUTOSANACIÓN, GANAR SALUD.

que aprisionaban y atemorizaban tus células a las camas, han desaparecido, se han disuelto también.

Reúnes a todos tus seres inferiores de esa sala y les hablas de lo que hay tras la puerta de entrada al templo de Krishna, el templo del amor y también de la destrucción de la enfermedad. Les hablas de la melodía de flauta que flota en el aire y de cómo su vibración sana los tejidos más profundos del ser. Tus seres inferiores te escuchan atentamente, ajenos a cualquier manipulación que hayan sufrido. En sus expresiones notas que han olvidado las memorias del dolor y las cadenas que les tenían presos en sus camas. Solo creen en ti pues han visto que tú les has limpiado y llenado de luz. Van a hacerte caso en todo lo que les propongas para recuperarse. Reuniendo y abrazando todas esas células las conduces hacia la puerta de entrada al templo. Antes de entrar, lees mentalmente la hojita en la que has escrito el mal que estás tratando, miras de nuevo a tus células reunidas en torno a ti y abres la puerta.

Entras de nuevo en el templo y vuelves a sentir la vibración de los sonidos de la flauta de Krishna. Te recuerda a la primera gran vibración, la que creó el universo, el sagrado om. Sientes de nuevo la atmosfera de amor que destruye todo mal. Buscas tu lugar, un lugar amplio y te sientas sobre una alfombra estampada de dibujos florales. Tus seres inferiores te siguen con admiración y

CLASE 3 – AUTOSANACIÓN, GANAR SALUD.

se contagian del amor del lugar. Sientes ese amor hacia ti. Te sientes como guía de tus queridos seres inferiores, tomas consciencia de la realidad de tu Ser Superior que solo pretende el bien. Sobre esa alfombra, abrazas a todos tus seres de una forma profunda, transmitiéndoles todo tu amor. El amor que sientes destruye la enfermedad. Tus células están llenas de luz y agua, están llenas de vida. Después las abrazas una a una, personalizando tu mensaje de sanación. A cada una le despojas de cualquier resto de mal e inmediatamente esos restos se disuelven y desaparecen. Comprendes todavía más la inteligencia sencilla de tus seres inferiores y la necesidad de comunicación con ellos. En cada abrazo les transmites seguridad, orientación, paz, fuerza y protección. En cada abrazo emites un mensaje, les hablas de las estrellas, de la naturaleza, los colores y la vida. Les transmites vida y salud… Y les transmites luz, mucha luz.

Toca con tus dedos, roza cada uno de tus queridos y pequeños seres inferiores de tu ser.

Transmíteles vida, amor, fuerza, protección, paz, colores, melodías, luz…

Cada abrazo te transmite una información, cada abrazo es una pista del origen de ese mal, del origen de esa tela que acumulaba suciedad. Sencillamente lo asimilas pero tu atención está centrada en sanar tus células, tus pequeños niños interiores.

53

CLASE 3 – AUTOSANACIÓN, GANAR SALUD.

Sigue abrazando, acariciando con tus dedos, y transmíteles vida, amor, fuerza, protección, paz, colores, melodías, luz…

Las caras de tus niños interiores afectados por ese mal son ahora alegres. Juegan, hablan, ríen… Están en camino de recuperación. Tú, el Ser Superior estás retomando el control de los millones y millones de células con sus inteligencias sencillas y moldeables. Krishna está en ti y tú en Krishna. Tú eres el templo, y las vibraciones de amor hacia ti mismo provocan sanación interior.

Te levantas y te diriges a la puerta de salida. Estás recuperando el control sobre tus seres heridos, has logrado un acercamiento profundo y te sientes mejor. Sales, el sol brilla y sus rayos te llenan de luz. Te sientes con poder, te reconoces con poder. Te comprometes a visitar tu templo de Krishna con regularidad, debes hacerlo pues sabes que la sanación celular y la eliminación de memorias implantadas requiere constancia. Sabes que volverás, te has sentido plena, amada y poderosa en ese lugar.

Sales del templo y bajando las escaleras, en medio de una plaza, hay una fuente. De ella sale agua fresca y pura. Te acercas y la tocas con tus manos. Siéntela. Tiene una luminosidad especial. Llenas la botella de esa agua y la mantienes entre tus manos transmitiéndole las sensaciones del lugar (utiliza tu botella de agua). Miras al templo y aún escuchas los dulces sonidos de la flauta de Krishna que encandilan. Tus dedos transmiten las notas a la botella de agua. Estás sentada en las escaleras del templo desde donde se ve, al horizonte, la cordillera imponente del Himalaya. Notas que el agua que tienes en tus manos, alguna vez ha sido un copo de nieve caído sobre las montañas. Notas que esa agua tiene los poderes sanadores de las piedras de las montañas y de los cabellos de Shiva por donde pasan los torrentes que crean el Ganges. La miras y le pides que te ayude a limpiar tu mal. Le pides que cuando se encuentre cara a cara con las células dañadas de tu interior, esas que has tratado en el templo de Krishna, las envuelva con su pureza y fuerza y logre eliminar el mal. Y así va a ser. Transmítele al agua la belleza, la paz, armonía, gratitud y amor del lugar donde te encuentras. Y ahora, abre la botella y bebe. Agradece que toda la energía que hay en ella va a bañar de vida tu interior y va a limpiar el dolor y sufrimiento que puedas padecer. Agradece al agua que te ayude a sanar.

Esta meditación es una herramienta potente y muy elástica. Te aconsejo realizarla con regularidad, primero visualizando el mal a tratar, siendo muy concreto y evitando la generalización. Las sensaciones y mensajes te pueden ayudar a conocer las causas.

¡Buen trabajo!

Como resumen a esta clase, hemos planteado qué es una enfermedad desde el punto de vista energético, sus causas. También la capacidad de decisión celular o de grupos de células. De nuevo el agua presente como método de sanación. En la meditación hemos practicado la conexión con nuestros seres inferiores heridos y hemos trabajado desde la posición del Ser Superior (el Yo Superior) para restaurar la salud. Se consigue un doble objetivo, primero el lograr una mejora física y segundo reivindicar y potenciar el papel de tu ser superior con respecto a los inferiores. Se ha conectado con energías universales en este caso representadas por Krishna. Toda la meditación es un ejercicio de canalización beneficiosa para el estado general.

CLASE 4

Desarrollar tus dones y misiones. Autoconocimiento. El Templo de Saraswati

Nacemos con un abanico enorme de dones y misiones, algunas veces son claros y otras surgen durante el proceso de vida. Las circunstancias de cada uno y el libre albedrío provocan que surjan nuevos dones y misiones. El auto conocimiento y el conocimiento en general provocan el desarrollo de los dones propios y misiones. La curiosidad es la expresión de un alma viva. La curiosidad incita al conocimiento y al auto conocimiento.

Hay corrientes de pensamiento que dicen que los dones son heredados o se nacen con ellos, creo necesario aclarar estas afirmaciones desde mi humilde visión. Nuestras almas llevan (como suelo repetir tantas veces) miles y miles de reencarnaciones, quizás cientos de miles, puede

CLASE 4 – DESARROLLAR TUS DONES Y MISIONES. AUTOCONOCIMIENTO.

que incluso millones. Cada existencia, por efímera que fuera, ha sido un aprendizaje con los matices propios del ser en el que reside el alma. Así pues, tu alma es una auténtica enciclopedia casi infinita de conocimiento. Tu alma recuerda cada segundo de tus existencias y ha aprendido de todas y cada una de ellas, incluso de existencias negativas o dañinas (que posiblemente hemos tenido también). De todas ellas, de las decisiones, experiencias, acciones… se ha aprendido y gracias a esos aprendizajes estás aquí ahora, en un nuevo momento. Así pues, todos tenemos casi infinitos dones que se encuentran en el archivo de tu alma. Para mí, ya no es cuestión de unos padres, abuelos o bisabuelos, que evidentemente ayudan a despertar cosas, no creo demasiado en los linajes, entre otras razones porque si llevamos miles y miles de vidas, ¿cuántos linajes tenemos? Sí que estoy deacuerdo, desde mi perspectiva, que se nace con ellos, pero no desde ese punto de vista un poco elitista (y porqué no decirlo, influido quizás por el ego) de pensar que se es un elegido. Todos nacemos con tantos dones como dones tiene el alma, en consecuencia, miles. El punto es despertarlos. Lo que está bien y mal, las normas sociales, lo que es de provecho o no según estas, es los que anula y esconde los dones energéticos que puedas tener. Yo abogo por una conexión más fluida con el alma para saber que maravillas se esconden en ella y como podemos utilizarlas para tener una existencia lo más plena posible sin perder de vista las futuras reencarnaciones.

A veces me preguntan a qué me dedico, o que ramas de las energías toco. Aún hoy en día dudo, suelo responder de una forma general diciendo que soy un canalizador de energías. Tal vez, a quien veo más interesado le digo que creo que soy un potenciador de energías (más adelante explico que es). Pero proablemente debería decir lo que acabo de escribir: «Soy alguien que busca una conexión más fluida con el alma». En esa conexión tan difícil y tan plena se encuentra el secreto de la evolución, paz interior y del autoconocimiento. Este libro intenta que logres ese objetivo, que conectes con tu alma. A veces, los seres inferiores forman la barrera que impiden conectar plenamente con ella como ahora explicaré.

Nuestros seres inferiores, se amoldan y defienden las posiciones ganadas. Si desde la infancia se nos ha «domesticado» para formar parte del engranaje de normas sociales establecidas, nuestros inferiores desearán seguir con los estímulos que dan esas normas sociales. Así pues, si se han acostumbrado a tapar los dones naturales y la conexión con el alma por los objetivos sociales implantados (éxito laboral, lujos, caprichos, normas, y un sinfín más.) harán lo posible para evitar que tu ser superior cambie esa situación. Para ellos en una inversión de energías y tienden a evitar ese «desgaste». En este caso ya no hablamos de células, sino de grupos de seres inferiores que hacen de barrera entre tu ser superior y tu alma. Esa barrera impide tener conocimiento de nuestras cualidades, potenciales y dones, y en consecuencia la autoestima puede bajar. A causa de ello la curiosidad por conocer se desvanece y aparece nuevamente la marca «yo no soy capaz» o «de nada sirve», y otras similares.

Nuestra misión en este curso, y en esta clase en particular, es romper las barreras que impiden esa comunicación con el alma de cara a auto conocernos con más profundidad y a aumentar el querer saber. Vamos a educar a los inferiores a la nueva situación. Se va a entablar una batalla entre los seres inferiores intoxicados por las normas sociales y tu Ser Superior, que tiene y debe imponer su control (tomar las riendas de la vida). Ha llegado el momento de tener pistas claras sobre los dones o misiones que somos capaces de desarrollar. El conocimiento de dones y misiones está al otro lado de la barrera creada por tus seres inferiores intoxicados. Vamos a conquistarlo.

Voy a explicar desde mi perspectiva que es un don y una misión.

LOS DONES

Un don es una capacidad innata de un ser para desarrollar algo fuera de lo común, siendo lo común lo

CLASE 4 – DESARROLLAR TUS DONES Y MISIONES. AUTOCONOCIMIENTO.

establecido. Desde el punto de vista energético, generalizando mucho, un don tiene que ver con la facilidad de conectar con el idioma energético que rige las relaciones entre los seres, con las cosas y con lo universal. Tener un don es tener un sentido añadido a los cinco físicos. Desgraciadamente también en el mundo energético hay una serie de arquetipos de lo que significa tener un don que es muy necesario desmontar. Parece que en energías, poseer un don es algo relacionado con videncia, sanación y lectura energética. Dicho de otra forma: sino eres vidente, sanador o lees las energías no posees un don claro. Nada más lejos de la realidad, es un pensamiento elitista que contradice la esencia del mismo don, la humildad.

Creo que todos nacemos con dones o misiones, como he explicado, y repito, por importante. Mi visión del mundo energético, con fuerte influencia hinduista, así lo siente. Tu alma lleva miles y miles de reencarnaciones, de experiencias. Has sido muchas cosas, personas, animales, plantas, árboles, tierra, aire, fuego, agua, quizás incluso luz. Todas esas existencias conforman tu fondo energético. Todo lo experimentado, los errores y aciertos de esas miles de vidas son lo que eres ahora, es tu fondo de sabiduría. Tu alma recuerda absolutamente todo lo vivido, ha aprendido mucho, y como recompensa a su avance, eres el ser que eres ahora. ¿Cómo alguien puede decir que no tienes dones? Por supuesto que los tienes,

CLASE 4 – DESARROLLAR TUS DONES Y MISIONES. AUTOCONOCIMIENTO.

eres una enciclopedia casi infinita de vivencias y dones. El impedimento a saber cuales de los dones vas a desarrollar en esta existencia reside en la comunicación con el alma.

Por supuesto que hay casos, muchos, de personas que no desarrollan ni el más mínimo don en esta vida. Son retrocesos evolutivos, reencarnaciones que deberían ser de avance pero, si no hay cambios, serán de retroceso. No me refiero a ti, tú estás leyendo este libro, y tantos otros, para conectar con tu ser. Me refiero a los que caen en el odio, el apego extremo, la codicia, las envidias, las avaricias; en definitiva: en los venenos energéticos. ¿Cómo puede tener alguien contacto con su alma si tiene odio, por ejemplo, a migrantes que huyen del hambre? Vemos como avanzan los partidos políticos de extrema derecha con ideologías de odio, ira hacia prácticamente todo. ¿Pueden personas infectadas con esos venenos desarrollar los dones que atesora su alma en esta vida? Lo dudo. No es que sean existencias perdidas, son experiencias para otras vidas y su alma aprenderá del odio que esa persona sentía por los demás en esta efímera existencia.

No es tu caso, evidentemente. Ahora me estás leyendo, has llegado a este libro por la curiosidad de saber y desarrollarte, estás en contacto con tu alma. Pues bien, te aseguro que ya estás desarrollando tus dones. Intenta apartar de tu mente el concepto que he mencionado

CLASE 4 – DESARROLLAR TUS DONES Y MISIONES. AUTOCONOCIMIENTO.

antes de lo que se considera un don, es un marco demasiado pequeño. Un don es en primer lugar una capacidad de transmitir energías. Esas energías provocan un efecto positivo en los demás. Esa emisión energética que provoca un efecto en otra persona la puedes estar desarrollando de forma no consciente y en este momento. Sencillamente con una sonrisa o dos palabras puedes emitir una energía potente hacia alguien. Con una actitud ante la vida que para ti es natural, estás emitiendo un mensaje energético que otros recogen. Con pequeños actos y actitudes diarias, escuchar a alguien, abrazar, hablar, reír... hay tantas formas por las que estás desarrollando ya mismo tus dones... Piénsalo, piensa en tu actitud diaria y como primer paso en caso de que no seas consciente, intenta que tus actos diarios emitan una carga energética (que lleva tu alma). Esa es la base de los dones, el conocimiento de que emitimos una energía.

Hace unos años di nombre a ese don, y creo que la palabra ya define mucho el concepto. El don básico es ser POTENCIADORES de energías. Como voy a explicar, ser potenciador, ser potenciadora de energías es la gran expresión de lo que para mí es tener un don y como vas a sentir, lo eres.

Una emisión de energía produce una reacción. Si una persona emite energía negativa, quien lo recibe se siente mal, incómoda. Si se emite positividad, el receptor se siente

CLASE 4 – DESARROLLAR TUS DONES Y MISIONES. AUTOCONOCIMIENTO.

bien. Es la base de las relaciones energéticas humanas. En consecuencia, una persona positiva, solo con su presencia, hace que las personas receptivas de su entorno se sientan bien. Puntualizo lo de «personas receptivas» ya que, volviendo al ejemplo de la persona que odia todo, es difícil que sea receptiva, aunque no imposible.

La energía que emite esa persona positiva provoca una reacción, un estímulo en la receptora. La receptora por ejemplo se expresa con confianza y se siente bien. Eso es ser potenciador de energías, el mayor don, el provocar reacciones positivas en los demás, aunque, a veces, casi sin conocerlos. ¿Te ha pasado alguna vez que alguien a quien conoces poco, se ha sincerado contigo, se ha abierto para contarte dudas, situaciones incluso muy personales? ¿Te suelen llamar amistades o personas del entorno para contarte cosas, ya sin pretender que les aconsejes, solo por decírtelo? Si es así: posees ese preciado don. Y puede que al leer estas líneas te preguntes (o me preguntes): ¿de qué me sirve? No hay una sola respuesta a esa pregunta, ¡hay decenas! El ser humano quiere cuantificarlo todo, tener un balance interior de toda nuestra actividad. Los porqués sin una respuesta cuantificada parece que carezcan de sentido. El ser humano, todos los seres humanos, tenemos ego y quizás ese ego es el que quiere un título colgado en una pared como certificación de que «somos algo».

CLASE 4 – DESARROLLAR TUS DONES Y MISIONES. AUTOCONOCIMIENTO.

El alma tiene otros parámetros, actúa en consecuencia a las experiencias acumuladas en sus miles de vidas. Si el alma tiene la suerte de residir en esta vida en una persona que permita a su energía llegar a otras, esa persona está desarrollando sus dones. No debería saberte a poco pues no hay nada más precioso que ayudar energéticamente a alguien. En esta clase vamos a intentar desarrollar algunos de los dones que residen en ti.

Como apunte, puedo asegurar que prácticamente todas las personas que energéticamente, e incluso, socialmente han destacado durante la historia y en tiempo presente, empezaron su andadura tomando consciencia de su influencia en los demás.

Cabe decir, también, que los dones no se refieren solamente a dedicarse al mundo de las energías, ni mucho menos. Descubrir los dones es descubrir como transmites tu energía y como los demás disfrutan de ella. Pintar, decorar, construir, escribir, reformar, componer, interpretar, cantar, asesorar, cocinar, coser, dibujar, diseñar, reparar, restaurar, hablar, asistir, cuidar, escuchar… Todas estas acciones son dones que quizás ya realizas o habitan en ti y es el momento de sacar orgullo y darles otra oportunidad. Pero iremos más allá, intentaremos hacer aflorar cualidades que tu alma atesora y que podrás aplicar en esta existencia.

CLASE 4 – DESARROLLAR TUS DONES Y MISIONES. AUTOCONOCIMIENTO.

En el ejercicio meditativo que haremos en este capítulo, romperemos barreras que impiden que se manifiesten de forma más clara aspectos de tus dones.

LAS MISIONES

Por misiones entiendo posibilidades de acción del alma, en esta vida, que influyen en los demás y repercuten en la propia evolución y en la evolución general. El alma, en esta existencia, sigue con su proceso evolutivo y, como he comentado antes, tiene conocimientos y experiencias aplicables en esta vida para seguir avanzando.

¿Proceso evolutivo? ¿Avanzando? ¿Hacia dónde? Bien, son preguntas que sin duda surgen y que cada religión o pensamiento filosófico intenta responder. Existen filosofías orientales que creen que el fin del ciclo de reencarnaciones se alcanza cuando un ser logra la liberación espiritual (Moksha) y alcanza el Nirvana. Pero creo que ese maravilloso objetivo debe estar ahí, sin más, y hay que dedicarse a conseguir en vida, en esta vida, la máxima paz, la máxima liberación y eso se logra en gran medida con una buena comunicación con el alma y la máxima coherencia con ella. No nos obsesionemos con el Nirvana, es un proceso que se trabaja desde el presente con nuestras acciones. Se puede llegar a la paradoja que el deseo de alcanzar el Nirvana sea un deseo que anule el trabajo del presente. Desde mi punto de

CLASE 4 – DESARROLLAR TUS DONES Y MISIONES. AUTOCONOCIMIENTO.

vista, es desde el presente y desde el autoconocimiento que vamos alcanzando liberación, ¡y hablo en esta vida! Hablo de avances liberadores, pequeñas Muktis (liberaciones) que desembocan en avances álmicos. Me gusta esta vida y la oportunidad que representa.

Así pues, la gran y última misión puede ser alcanzar la liberación, el Nirvana. En el caso del cristianismo que rechaza la reencarnación (pero curiosamente no la resurrección) también es aplicable el concepto de misiones en esta vida para alcanzar el cielo. Seas del pensamiento religioso o filosófico que seas, creo que el concepto misiones de vida es común.

Bien, ya tenemos el fin último, vamos a por las misiones presentes, pequeñas o grandes, las bases de este apartado. La vida es una constante realización de acciones. Si esas acciones son realizadas bajo unos parámetros correctos (dharma) consigues unas reacciones positivas. Pequeñas acciones producen reacciones. ¿No es eso en si una misión maravillosa de vida? Creo firmemente que sí. Ya sé que se quiere saber algo concreto, como una orden escrita en un pergamino secreto que debes llevar a cabo… pero no es así. Son muchas las misiones que tenemos y puede que haya una pista común en todas ellas: dejar huella en el entorno, dejar una huella de nuestra experiencia para que sirva de ayuda a los demás. Son legados que día a día vas dejando en los tuyos, en tu

CLASE 4 – DESARROLLAR TUS DONES Y MISIONES. AUTOCONOCIMIENTO.

entorno. Ese legado que muchas veces no es reconocido pero cala hondo, es un denominador común en las misiones de vida. Puede ser esta otra definición posible de misiones de vida, el legado que dejas en los demás.

Antes he comentado sobre dones heredados de familiares y me he posicionado un poco en contra de las linajes, pero he reconocido el valor de tener a alguien cercano que hable de estos temas. Es esta actitud, también, otro tipo de misión que entra dentro del legado. Esa misión es intentar dar una visión distinta a las cosas y exponerla a tu entorno. ¿Te sientes identificada?

El conocimiento de los dones que todos poseemos, hace que las misiones a realizar sean más claras. Una persona con el don de potenciador de energías, realiza constantemente misiones, tantas como interacciones con personas que pasan por su vida. Estoy completamente seguro que esa persona potenciadora ha cambiado vidas casi sin saberlo. ¿No es esa una misión estupenda? Sí, cambiar vidas abriendo los parámetros de pensamiento es una misión de las más importantes que puedan existir.

Así pues, sigamos adelante sin dejar que nuestro ego nos interrogue constantemente sobre qué dones tenemos y que misiones estamos llamados a realizar. Trabajaremos por desarrollar los dones y por eliminar lo que nos impide reconocerlos y desarrollarlos. Esta puede ser otra misión de vida, desarrollar los dones propios.

CLASE 4 – DESARROLLAR TUS DONES Y MISIONES. AUTOCONOCIMIENTO.

Una vez explicado desde mi punto de vista que son los dones y las misiones, y aclarado que muy posiblemente ya estés realizándolas, ¿qué nos impide tener más información sobre nuestras capacidades? Lo impiden varias cosas. La programación que sufrimos desde que nacemos por la sociedad, tal como está montada, que da la espalda al contacto interior; y por la educación que prima el éxito casi exclusivamente en términos monetarios. En definitiva: por las normas sociales que implantan lo que es bueno o malo y lo que es éxito o fracaso. Esa programación intoxica el contacto fluido con el alma. Y aquí es donde entran nuestros amigos los seres inferiores. Las células programadas con esos mensajes, y unidas, son reacias al cambio, tal como está de moda decir: a salir de la zona de confort. Recordemos que su inteligencia sencilla no está capacitada para muchas posibilidades de cambios por lo que, cuando están intoxicadas por las normas sociales que te dicen lo que es bueno y malo, siempre tienden a que las sigas y te lanzan mensajes de incapacidad al cambio (de nuevo). «No tienes dones», «no hagas caso», «tienes que ocuparte de ti, no de los demás»… Mensajes que, al proceder de tu interior, los haces propios. Tu Ser Superior no se impone y descartas cambios. ¿Recuerdas el ejemplo de las señales de premura que te lanzan los seres inferiores cuando están bajos de energía? Come, bebe,… ¿Recuerdas como cuando no se les domina podrías acabar comiendo sin parar? Así de

CLASE 4 – DESARROLLAR TUS DONES Y MISIONES. AUTOCONOCIMIENTO.

capaces son de seguir las «órdenes» de las normas sociales para que no te conviertas en una «rebelde».

Esa voz interior que te habla de tu imposibilidad a encontrar tus dones, esa voz interior que te hace tener pereza para investigar, o que te dice que otro día te ocuparás de ello, es la voz de tus seres inferiores intoxicados que influyen más de lo que deberían en tu Ser Superior. Los seres inferiores pueden transmitirte incapacidad, pereza, somnolencia, sensaciones a su alcance para hacerte desistir. Algo parecido por ejemplo en temas tan físicos como hacer deporte, estudiar un idioma, hacer régimen… Todo lo que requiere un esfuerzo extra intentará ser descartado.

Seguro que más de una vez los has sentido y al venir de ti, crees que eres tú misma. Ciertamente lo eres, pero no la parte de ti que debe tener el control sobre tu vida.

Creo que con esta información, cuando sientas que algo te impide realizar alguna acción de forma poco explicable, vas a intentar rebelarte y realizarla. Al menos este es el objetivo de este libro. Ahora toca pasar a la acción por medio del trabajo meditativo.

VAMOS A MEDITAR

Para la meditación prepara un papel, lápiz y la botella de agua.

CLASE 4 – DESARROLLAR TUS DONES Y MISIONES. AUTOCONOCIMIENTO.

Estamos en la plaza de la fuente de agua de luz delante del templo de Krishna. Bebes de ella y el chorro es tan potente que el agua se desborda de tu boca y acaba mojándote la ropa y tu cuerpo. Es agua de vida y la piel la recibe como un baño de vida, el interior también reacciona a sus cualidades. Distingues una llave en el fondo de la fuente, es pequeña y trabajada, sientes que es para ti. No sabes cuando la podrás utilizar pero es un objeto que abrirá o cerrará algo importante. La pones en tu collar y continúas el paseo. El día es soleado y te dispones a seguir caminando por la ciudad de los templos. Pasas por delante del templo de Krishna y parece que te sonría y te desee suerte en esta nueva misión. No guías tus pasos, alguien los guía por ti. Te adentras en calles estrechas llenas de vida, en ellas hay pequeños comercios que ofrecen todo tipo de productos. La calle desemboca en una pequeña plaza rodeada de edificaciones que tiene también una fuente en su centro. Delante de la fuente un precioso templo de antiguas paredes con marcas de viejas, y recientes batallas. Los niños juegan en el exterior. Tres grandes árboles rodean la fuente como grandes guerreros protectores. Bebes el agua de luz que emana de un grifo dorado, te sientes fuerte y alegre (ahora bebe el agua de tu botella). Junto a la pequeña puerta del templo hay una pintura muy desgastada de la diosa Saraswati, la diosa del saber, esposa de Brahma, el dios supremo. Recuerdas su imagen pintada en las paredes de

CLASE 4 – DESARROLLAR TUS DONES Y MISIONES. AUTOCONOCIMIENTO.

un colegio, también una frase bajo la pintura que decía que el conocimiento lleva a la liberación. Te encuentras frente a su templo, te descalzas y entras en su interior. El espacio es reducido, parece una biblioteca con diez mesas repartidas de forma ordenada. Solo una de las mesas está ocupada. Te acercas y te ves a ti misma, eres tú quien ocupa esa mesa. Estás leyendo libros que unos pequeños seres ponen en tu mesa. Te ves triste y confusa pues parece que buscas respuestas en esos libros y no las encuentras. Los pequeños seres deambulan por la sala ofreciéndote escritos que tú aceptas y rechazas con cierta decepción. Son libros del buen hacer, del buen comportarse, del buen conocimiento; libros del buen padre, de la buena madre, del buen futuro, de las buenas relaciones, de las buenas profesiones, de las buenas felicidades… El nombre de los autores te sorprende pues son marqueses, condes, reyes, ministros, grandes comerciantes, conquistadores, terratenientes… gentes de «éxito», gentes que han logrado el poder. Buscas respuestas en esos libros, buscas que caminos seguir, como dejar huella en los demás, como sentirte realizada y descubrir cuales son tus dones y tus misiones. Te ves leyendo lo que te entregan esos seres y por tu expresión las respuestas no aparecen. Te sientes plenamente identificada con la imagen que ves de ti sentada en esa mesa. También tú, buscadora de respuestas, te sientes encorsetada en esos marcos sociales, que te dejan poco espacio para saber lo que eres realmente. Te entristece verte así, sabes perfectamente que tienes una luz interior pero no encuentras que es lo que tiene que iluminar. La desubicación en tu ser es casi palpable. Recuerdas la frase de Saraswati que había escrita en aquella pared y entiendes que esa sensación es la falta de conocimiento, tienes hambre, necesidad de saber, de conocerte realmente.

Reconoces esos pequeños seres, son parte de ti. Son esas sensaciones interiores que te boicotean cuando intentas traspasar un límite. Son esa parte de ti que ha sucumbido a la manipulación mediática y social que desde pequeña has sufrido. Son ellos, tus seres inferiores. Son las voces que te hacen detener el paso cuando estás a punto de caminar en otra dirección. Son las sensaciones internas de inseguridad cuando notas señales del mundo energético. Son las palabras amargas cuando te imaginas realizando funciones no contempladas por los parámetros sociales. Son los muros que separan el ser una persona más, como la mayoría, que vive de espaldas al mundo energético, del ser una persona valiente que arriesga para ser coherente con su interior. Las normas sociales implantadas, lo que debes ser según ellas, están escritas en esos papeles que te entregan, pero sabes que ese lugar en el que te ves, es una biblioteca que ha pasado una censura previa. No encuentras respuestas a tus anhelos en los libros que te entregan. De ahí la desesperanza.

CLASE 4 – DESARROLLAR TUS DONES Y MISIONES. AUTOCONOCIMIENTO.

Tus seres inferiores no son malvados, son víctimas. En ellos se han marcado a fuego unos registros que inmovilizan los cambios. Vas a tener que enfrentarte a ellos si quieres saber más de ti.

En un rincón de la sala, escoltada por multitud de seres, hay una puerta cerrada que deja pasar por su parte inferior una luz parecida a la luz de la fuente del exterior. Miras a tu reflejo que sigue triste en esa mesa y te aproximas a la puerta. Al acercarte, los seres, recelosos, te siguen y te rodean. Reconoces a esos seres, son parte de ti y deberían obedecer tus órdenes. Sin embargo, se amontonan ante esa puerta y no te dejan pasar para ver lo que hay detrás. Cada uno de ellos lleva libros y papeles en sus manos y te los ofrecen con demasiada efusividad. Los vas rechazando y esa efusividad casi se convierte en violencia. Son los textos que te has visto leyendo durante años y años en esa mesa, son libros que no llenan la nueva realidad que notas que se aproxima. Esos seres intoxicados no quieren cambios, quieren que sigas leyendo y aplicando lo que los libros de los poderosos dicen. Pero te has visto en esa mesa y no quieres seguir así el resto de tus días. Te entristece esa excesiva resistencia de tus seres inferiores pues son queridos. Estás decidida a llegar hasta esa puerta, sientes que detrás de ella hay algo que sí que va a cambiar tu vida. La resistencia es fuerte y alguno de tus seres empiezan a insultarte y amenazarte. «Quién te has creído que eres», dice uno

CLASE 4 – DESARROLLAR TUS DONES Y MISIONES. AUTOCONOCIMIENTO.

de ellos. «Estás loca», argumenta otro. «Sin mí no serás nunca nada», te gritan. «Haz lo que te corresponde a tu edad y condición», «eres tonta, inútil, nosotros cuidamos de ti», «qué van a pensar los tuyos, los amigos…». Son tantas las recriminaciones que te ves llorando y empiezas a retroceder y a aceptar que tienen razón, que eres un ser normal, sin poderes, sin dones, no vales lo suficiente. Mientras las lágrimas bajan por tus mejillas, miras atrás y te ves en esa mesa, has dejado de leer los libros que los seres te entregan, pero esta vez no te ves triste. Desde esa mesa, ella, levanta la cabeza y te miras con orgullo. Sonríes ante esa mirada. De tus ojos brotan lágrimas de luz, la misma luz de la fuente de la sabiduría que había en la plaza. Las lágrimas te dan fuerza y cuando uno de los seres te obliga a aceptar uno de sus libros, lo empujas con una fuerza que no recuerdas haber tenido nunca. Dos seres se acercan violentos, los reconoces, portan libros de aprendizajes de la infancia. No te dejas avasallar y con gran tristeza, pues son memorias del pasado, los destruyes, los eliminas. La puerta está más cerca. Los seres que aceptan tu fuerza, pasan a animarte a seguir, te ayudan, se ven liberados. Los violentos que te denigran, son destruidos con dolor pues los asocias con personas y situaciones que han influido en tu vida cortándote caminos de auto conocimiento.

Llegas a la puerta, pones tu mano en el pomo, miras atrás y ves a la persona que estaba en la mesa a tu lado, pegada

CLASE 4 – DESARROLLAR TUS DONES Y MISIONES. AUTOCONOCIMIENTO.

a ti. Te ves llena de luz, de alegría y orgullo. Se acerca tanto a ti que se funde contigo. Sientes como entra en ti y te sientes completa como no lo habías estado en muchísimo tiempo. Sientes tu Ser Superior, por fin, dominante de la situación, conectado a lo universal.

Antes de abrir la puerta, distingues en ella un dibujo. Pasas tu mano para limpiar la suciedad que lo cubre y, reluciente, sabia y majestuosa, aparece Saraswati, la diosa del fluir de la sabiduría. Así te sientes, Saraswati renace en ti con unas fabulosas ganas de aprender.

Abres la puerta y entras en un espacio fabuloso, casi infinito, es el lugar del conocimiento universal y eterno. Es la gran biblioteca de la verdad y vas a buscar respuestas, vas a buscar tu verdad, tus dones y misiones.

Unos seres inferiores afables se acercan a ti y te explican que todos los libros, miles de millones de libros, son tus dones y misiones. Te explican que en tus miles de vidas ya has leído centenares de miles de libros y que ahora debes elegir los que quieras desarrollar en esta vida. Y así es.

Al ser humano le cuesta aceptar que tengamos una esencia tan sabia. Tantas vidas vividas, tantos dones desarrollados, tantas misiones realizadas, tantos errores que han sido aprendizaje. El resumen de todo ello, de las miles de existencias, está en ti, ahora, en este momento. Este momento

CLASE 4 – DESARROLLAR TUS DONES Y MISIONES. AUTOCONOCIMIENTO.

es un instante crucial, vas a sentir pequeñas ráfagas, quizás milisegundos, en el que serás consciente de la grandeza de tu alma. Este momento es un instante decisivo en esta existencia y es fruto de la infinita sabiduría de tu alma. Por un momento, deja de leer, y siente tu alma.

Es importante repetir, tal como escribí anteriormente, que los dones son algo más allá que lo energético, son cualidades que posees y que quizás no te has atrevido a explorar.

Con la confianza que da el dominio de tus seres inferiores y el apoyo incondicional de estos, te diriges a los interiores de ese gran espacio. Estás impresionada de la magnitud de las estanterías de madera llenas de libros perfectamente ordenados y limpios. Los pasillos parecen las calles de una bella ciudad y las estanterías los edificios. Expresamente perdida entre tanta belleza, un libro te llama la atención. Te acercas y lo miras, en su lomo pone tu nombre, como en todos los demás, y abajo, en letras pequeñas algo que solo tú puedes descifrar.

Cógelo, siéntate y descubre que pone ese libro.

Quiero que te visualices en ese punto y dejes que las imágenes que te sugieran ese libro lleguen a ti. Mírate realizando una función, escuchando, hablando, sintiendo, ayudando, potenciando, sanando, viendo, recordando, formando, guiando, riendo, animando, acompañando, curando, escribiendo… Deja que uno de tus

CLASE 4 – DESARROLLAR TUS DONES Y MISIONES. AUTOCONOCIMIENTO.

dones salga, descúbrelo. Recupera quizás lo que creías que era un sueño de la infancia o un anhelo actual que descartaste. Visualízate, siente como eres útil a otras personas, como sacas lo mejor de ellas o tus acciones les producen reacciones...

Descifra el título de tu libro. Busca en tu interior, en esa conexión que en este momento tienes con tu alma, pistas sobre tus poderes. Tómate tu tiempo, es solo un libro de los miles que forman tu biblioteca de dones. Podrás visitarla las veces que desees, el acceso ya estará abierto pues las memorias implantadas en tus seres inferiores que impedían acceder entrar, están en proceso de desaparecer.

Escribe en la hoja de papel que tienes a tu lado lo que veas o sientas, o lo te gustaría. Quiero que dejes volar tu alma, escúchala. Piensa en personas de tu entorno, en situaciones pasadas, presentes y quizás futuras y piensa tu nuevo papel en ellas. Piensa también en ti, con respecto a ti misma y con respecto a ellas.

Si has logrado descifrar el contenido de ese libro y traspasarlo al papel, aunque sea un esbozo, seguimos adelante. Si no lo has logrado pues tus parámetros mentales aún no han conseguido liberarse de tus seres inferiores manipulados por las normas sociales, retrocede hasta la puerta y vuelve a enfrentarte a ellos, a luchar cuerpo a cuerpo para liberarte de las limitaciones.

Una vez anotado el don revelado, te levantas y dejas el libro en su lugar. Caminas contemplando las inmensas estanterías de libros de todos los tamaños y colores. Recorres pasillos y más pasillos rozando con tus dedos los lomos de algunos libros, hasta que otro te llama la atención, te imanta, te atrae. Es un pequeño libro de color rojo y nervios dorados. Debe tener muy pocas páginas pues es realmente estrecho. Lo coges y te sientas en otra pequeña mesa iluminada. Lo abres y ves que solo contiene una página con una sola línea. Dice exactamente:

ES EL MOMENTO. HAZLO.

Cierra los ojos y visualízate con el pequeño libro rojo en tus manos, analizando la frase y lo que supone para ti en este momento. Lucha con los restos de memorias que no te dejan ver de lo que tienes que liberarte para avanzar. Mírate con profundidad. Mírate como si estuvieras sentada en el cine y estuvieran pasando la película de tu vida. Las acciones a realizar van tomando forma. Nadie ha dicho que sea fácil, pero vas a pasar a la acción.

Los dones y misiones de vida, están a veces constantemente presentes en nuestro subconsciente y quizás esas palabras son un mero recordatorio de un don o una acción necesaria para conseguir despertar dones. Esta frase contiene tu nueva filosofía de vida. Tener dones y ser consciente de ellos, es vivir con ellos desde el primer momento y actuar en consecuencia. Tus actos ya serán acompañados por ese nuevo auto conocimiento. Si eres una persona potenciadora de energías, al ser consciente de ese don, el bien provocado en los demás será más potente. Todo será más potente con la toma de consciencia de el. Quizás de principio solo cambie una pequeña actitud, es el comienzo.

Pensativa pero sintiéndote afortunada te diriges a la salida del maravilloso templo de la sabiduría de Saraswati. Pasas por la primera sala y ves a cientos, a miles, de tus seres inferiores arreglando el lugar ya que quedó muy desordenado después de ganar la batalla contra las memorias limitantes. El primer espacio parece ya otro, hay mucha más luz. Sales a la plaza y ves que un maestro con el don de la pintura, está restaurando la imagen de Saraswati en el lado de la puerta exterior. Lo miras, te sonríe y Saraswati también lo hace. Piensas que ese maestro de la pintura quizás un día se atrevió a plasmar lo que sentía en un lienzo después de una encarnizada lucha con sus seres inferiores. Lo consiguió y su don lo percibes intensamente pues su pintura, nuestra preciosa Diosa Saraswati, te transmite fuerza infinita.

Vas al centro de la pequeña plaza y agradeciendo, bebes de nuevo agua de luz, la misma que te dio fuerzas en los momentos más duros de lucha contra tus seres inferiores reacios al cambio. Coge tu botella de agua y bebe agua de luz. Al beber visualiza como el agua arrastra los

CLASE 4 – DESARROLLAR TUS DONES Y MISIONES. AUTOCONOCIMIENTO.

restos de auto desconfianza que queda en ti. El agua es de nuevo tu gran aliada.

¡Buen trabajo!

En esta cuarta clase hemos hablado sobre los dones y las misiones. También las causas por las que no tenemos acceso a esa sabiduría o quizás acceso limitado. Se ha delimitado donde se encuentra el problema, donde reside la voz interior que te boicotea.

Has luchado ferozmente contra las memorias implantadas. Hemos trabajado en el templo de Saraswati e intentado comunicarnos con el alma para tener más información sobre que dones y misiones desarrollar en este momento. Se ha trabajado la autoconfianza y la desintoxicación, aumentando la autoestima. La autoestima altra permite descubrir y creer en las cualidades propias. Si estás liberada de marcos que te limitan, vas a descubrir facetas tuyas que desconocías.

CLASE 5

Trabajar las adicciones
El Templo de Hanuman

Las adicciones están o han estado presentes en prácticamente todas las personas. No solo tenemos que considerar adicciones al tabaco, alcohol, drogas, dulces... sino también a personas, situaciones y actitudes como la necesidad de ser aceptada, necesidad de ser valorada, querida, necesidad de aparentar lo que no se es y por supuesto a objetos, a lo material, origen de muchos apegos. La clave es la palabra necesidad, cuando esta nubla y bloquea la actividad normal.

La causa de las adicciones siempre suele ser evitar o tapar un malestar o malestares internos. Ese malestar, generalizando, es una falta de paz interior y baja autoestima. La solución energética a las adicciones pasa por un cambio de equilibrios interiores.

Es ese cambio el que vamos a abordar en esta clase. En la clase de presentación del curso, al hablar de los seres inferiores como inteligencia básica, puse ejemplos de su funcionamiento. Las células reciben impulsos cuando tienen sus reservas bajas y esos impulsos son recibidos por tu inteligencia superior que debe gestionarlos. Por ejemplo, si el impulso es «tener sed» la gestión necesaria es beber agua. Si el impulso es «la energía está baja» la gestión necesaria es ingerir alimentos. Bien, esa gestión básica, parece clara, pero el problema viene cuando los seres inferiores toman el control y se convierten en tus niños malcriados que piden y piden sin cesar y sin necesidad. Sino aceptas sus exigencias, los seres inferiores, enfrentados a tu ser superior, entablarán una batalla de consecuencias graves. Esos seres, unidos y cada vez más fuertes al notar la debilidad del Ser Superior, logran enviar sensaciones de angustia, ansiedad, tristeza, hambre, sed, etc. para conseguir sus fines.

Pueden adoptar la misma actitud ante el alcohol, el tabaco, las drogas y adicciones a personas, lugares y cosas.

Si se acostumbra a los seres inferiores a escapar de una situación no solucionada o de difícil solución evadiéndose a base de sustancias o amarrándose a personas, situaciones y cosas, se está creando una adicción. Tu Ser Superior llega un momento en que sucumbe una y otra

CLASE 5 – TRABAJAR LAS ADICCIONES

vez a las exigencias de más y más y cuando eso ocurre, se puede decir que se es un adicto/a.

Aunque nuestro Ser Superior está relacionado con la mente, no es el cerebro, va más allá de él. El Ser Superior está en todo tu ser. El cerebro, entendido como lugar físico origen de pensamientos, está formado por células como el resto de tu organismo. Esas células pueden tener las mismas memorias implantadas que las células de la uña de un dedo del pie. Es normal sentir que lo superior está en la mente, parece que todo ocurre en ella, es el control central. Si que energéticamente una buena canalización en el chakra seis (la frente) ayuda a superar adicciones, pero vamos a trabajar desde otra perspectiva, no desde la canalización (que también se trabaja al meditar) sino desde la lucha cuerpo a cuerpo con tus células intoxicadas.

Vayamos por partes y voy a distinguir entre adicciones al tabaco, alcohol y drogas, adicción a la comida (por ser un tema demandado) y adicciones a situaciones, personas y objetos.

ADICCIÓN AL TABACO, ALCOHOL, DROGAS, JUEGO...

El origen puede ser muy variado, desde la baja autoestima (fumar, beber o drogarse por aparentar cierta seguridad o madurez, mimetizarse con personas idolatradas o tapar problemas energéticos internos) y su resorte (la

CLASE 5 – TRABAJAR LAS ADICCIONES

acción) responde a la exigencia de los seres inferiores ante esos estímulos. Los seres inferiores lanzan el mensaje a tu Ser Superior sobre esa necesidad como si fuera principal, como comer o beber. El estímulo es diverso, desde el visual (ver a alguien fumando, ver un paquete, etc.) hasta el de resorte (al aparecer la sensación interior o energía no resuelta, se tapa con la acción de caer). El Ser Superior, superado y débil ante ellos, cede sin fuerza al falso deseo que solo produce más deseo de consumir. Somos seres de costumbres y la continuidad hace el resto. Los seres inferiores, poco proclives al cambio, siguen sumando impedimentos para reaccionar.

Ceder ante el deseo de la adicción agrava el problema de fondo pues es un paso atrás en la coherencia tan necesaria para la paz interior. Fumando, bebiendo o consumiendo drogas se dañan otros grupos de células, de seres inferiores que pasan a considerarse despreciadas y abandonadas por el Ser Superior. Se emite el mensaje de desprecio al físico y los grupos celulares afectados se sienten como los niños maltratados por los padres, abandonados. La enfermedad está entonces más cercana.

Se entra en un círculo vicioso de autodestrucción física y social importante. Algo, una situación no resuelta, a veces muy superficial, provoca una insatisfacción y falta de paz. Esa falta de paz se intenta llenar con la adicción contaminante. El consumo adictivo hace enfermar contaminando células y deteriorando en general. Cada calada, cada sorbo de alcohol o cada dosis es un baño de suciedad para el organismo. Los seres inferiores, enloquecidos por el deseo de la adicción son cada vez más fuertes y llegan a convencer al Ser Superior con mil excusas para seguir consumiendo. La destrucción es mutua y sino se toma el control, irreversible. Las adicciones, por muy superficiales que parezcan, son escollos para cualquier avance espiritual. Mucho de lo que suponga un esfuerzo (todo trabajo de autoconocimiento lo es) es rechazado. La adicción, pese a que la víctima difícilmente la reconocerá, es otro freno más, e importante, para la evolución.

Volver a tomar el control de los seres inferiores y tratar el origen de ese deseo es clave para su solución. Después, volver al templo de Krishna te puede ayudar a sanar lo que ha quedado afectado y también te aconsejo utilizar métodos de sanación con agua expuestos anteriormente.

ADICCION A LA COMIDA

Puede parecer superficial hacer un apartado para la comida, pero muchas veces es un ejemplo bastante descriptivo de adicción y de la contaminación mediática de los seres inferiores. El mercado alimenticio, dirigido mayoritariamente por grandes compañías, tiene un gran objetivo: vender. Ese objetivo pasa muchas veces por incumplir estándares sanitarios básicos. Pocas personas conozco más o menos liberadas de las adicciones alimentarias, es difícil escapar de ellas. Es un ejemplo muy claro de manipulación mediática que cala en lo más profundo de nuestro ser, creando deseos de consumo inmediato.

El azúcar, por ejemplo, es una de las panaceas de los manipuladores alimentarios. Descubrieron hace mucho que el dulce tenía fuertes poderes adictivos y lo explotan sin ningún tipo de compasión. El azúcar, todo lo azucarado, por la razón que sea, es muy apetecible para el ser humano y sino hay cierto control se cae en su adicción con el perjuicio para la salud. Para hacerse una idea, un refresco de cola de 600 ml. Tiene 12,5 cucharadas cafeteras de azúcar, ¡12,5 cucharadas! Imaginate tomando esas cucharadas una a una, tremendo. El resto de bebidas comerciales mal llamados «refrescos», e incluso conocidas marcas de zumos «naturales», más o menos igual. En bollería esas cantidades se disparan e incluso los cereales del desayuno, vendidos como sanos, son de los alimentos procesados con más azúcar. He incluido estos números pues es un ejemplo gráfico de lo que planteo en este curso. Los poderes, mediante el bombardeo mediático, te intoxican, intoxican tus células, tus seres inferiores, para que te conviertas en una adicta a lo que ellos venden. Si lo han conseguido contigo, tus seres inferiores te lanzan el mensaje de necesidad de consumirla de forma apremiante y así lo haces. Cada cucharada de azúcar añadida en tantos y tantos alimentos procesados es una dosis de droga para calmar momentáneamente a tus seres inferiores y dañar tu salud. El azúcar ya se encuentra en muchos alimentos sin procesar y de sobras cubren las necesidades diarias. De media, en occidente se suele consumir tres veces esa cantidad.

Pero no todas las adicciones alimentarias son debidas al azúcar. La sal es otro ejemplo. No se concibe muchas veces no sazonar alimentos sabiendo que la sal, para el cuerpo humano, añadida en exceso es un veneno.

He nombrado solo dos ejemplos, pero evidentemente hay más y ya no desde la perspectiva de la sal y el azúcar. Si los seres inferiores demandan esa ingesta y no se les controla, dominan y con casi toda seguridad la enfermedad aparecerá. Comer excesivamente, ya no solo hablo de azúcar, debe ser tratado como una adicción (en la mayoría de los casos). La famosa tentación de abrir la nevera responde muchas veces a saciar mensajes de los inferiores y otras veces tapan problemas interiores. A veces, comer se convierte en un acto reflejo como encender un cigarrillo. La realidad es que se suele comer en occidente mucho más de lo que el cuerpo necesita, se suele comer hasta saciarse, que evidentemente no es lo adecuado para una buena salud.

Ya no solo en el sentido alimentario, sino que en muchas facetas de la vida, se habrá perdido el control sobre nuestro ser. Si tu Ser Superior los domina, el deseo de consumir va a ir desapareciendo ganando salud. Los ejercicios de control como las renuncias a consumirlos por un tiempo son realmente efectivos. Son retos que, una vez superados, hacen ganar autoestima. De nuevo, el agua con tus vibraciones positivas, será de gran ayuda.

Los ascetas jainistas son venerados hasta el punto que es un honor abrirles las puertas de casa y ofrecerles alimentos (solo los permitidos). Eso si, estos no deben ser condimentados ni sabrosos sino insípidos, icluso cuando se ofrecen varios platos, suele ser normal que el asceta lo mezcle todo para evitar placeres que son una prisión kármica. Los ayunos son una forma de práctica muy significativa y valorada. ¿No es acaso una forma de controlar el deseo interior? ¿Los seres inferiores? Sin duda es autoconocimiento. Reitrero lo interesante de relizar retos o renuncias a ciertos alimentos por el periodo de tiempo que creas conveniente.

ADICCIÓN A SITUACIONES, PERSONAS Y OBJETOS.

Este tipo de adicciones tienen un componente altamente emocional debido, muchas veces, a la intoxicación por las normas sociales que desde la infancia te dicen que debes ser, con quien debes serlo y lo que es el éxito. Ya he comentado que una de las características de los seres inferiores es la resistencia al cambio. Una vez se

CLASE 5 – TRABAJAR LAS ADICCIONES

acostumbran a una situación, les cuesta cambiarla. Esto tiene su parte positiva (si logramos liberarlos de memorias implantadas) y su parte negativa (toda una vida bajo la influencia de las normas sociales y sus parámetros de éxito/fracaso). La desprogramación es así necesaria para conseguir resultados en este tipo de adicciones.

Por adiciones a situaciones me refiero a enganches a escenarios que son, e incluso, a veces se saben tóxicos. Lo difícil es darse cuenta que lo son pues los seres inferiores nublan a tu Ser Superior y anteponen mil causas a la mala situación, incluida la ya famosa «el mundo está contra mi». La baja autoestima está presente. La buena noticia es que si estás aquí y lo padeces, eres consciente y con ello has dado el primer paso para tu liberación.

Por adicciones a personas no solo me refiero a nivel sentimental, sino a veces familiar o del círculo cercano. Como el anterior son enganches a personas tóxicas (voluntaria o involuntariamente) que anulan o nublan la visión de la realidad de las cosas. La baja autoestima es el resultado de esa toxicidad aunque puede ser también el estado previo de la persona afectada. Los seres inferiores se empapan de dependencia y no conciben ninguna situación sin la persona dominante. No conciben ni tan siquiera reír sin ella. Todo gira en torno a esa persona, la individualidad se desvanece. Hay también adicciones a personas desde la total admiración hasta el punto que

CLASE 5 – TRABAJAR LAS ADICCIONES

cualquier decisión pequeña o grande se hace bajo una perspectiva mimética del idolatrado. No es nada bueno, tampoco, pues anula la individualidad. Cuando el pensamiento de alguien ante un problema no se dirige en primera instancia hacia su interior para buscar soluciones sino que busca a otra persona para que piense por él, creo que hay una adicción hacia esa persona. He visto muchos casos de adicciones a personas que acaban siendo motivo de retrocesos importantes, incluso en temas de energías, el discípulo intenta imitar al gurú lo máximo, cuando la función del gurú es iluminar el interior para sacar lo mejor de él. A veces este tipo de adicciones rozan lo caricaturesco como vestir, hablar y parecerse físicamente (¡incluso recurriendo a operaciones de estética!) a alguna persona famosa. Adicciones para escapar de ser uno mismo sin duda. Hay otras situaciones realmente graves en las que el apego adictivo puede llegar a provocar que una persona, al fallecer, no siga su camino evolutivo y se quede aferrada a las energías u objetos de la persona idolatrada. Estos casos suelen estar limitados a algunos tipos extremos de relaciones sentimentales y familiares.

Hablando y aprendiendo sobre energías con una persona que consideraba muy inteligente (no porque haya dejado de serlo sino porque perdí el contacto), me di cuenta de que podía padecer una adicción hacia el que era su gurú. En su discurso, muy interesante, lo mencionaba con regularidad cada vez que hacía una afirmación. Observé que ante una afirmación fuera de lo normal, añadía la coletilla nombrándolo para ratificar. En un momento amistosamente acalorado de la discusión me recriminó que yo tuviera fuentes de aprendizajes distintas y de creencias dispares. Le contesté que Swami, su significado (traducción del sánscrito) es dueño de si mismo, por eso es de las palabras más bonitas que conozco. La palabra Swami es para mi la que más engloba la libertad individual y la capacidad de cambio ante nuevos conocimientos. Se quedó pensativo, iba a decir algo, pero volvió al silencio. Creo que iba a decir alguna frase que hubiera dicho su maestro, pero no la dijo.

Por adicciones a objetos entiendo el apego enfermizo a cualquier cosa material. Ese apego exagerado es un veneno energético peligroso pues lleva a otros como el egoísmo, la avaricia, egos, etc. Los seres inferiores reaccionan al desapegarse de algo como una pérdida de algo propio sin lo cual es difícil ser feliz. El deseo de acumular objetos es una pretensión que siempre lleva a la insatisfacción. Conseguir un objeto provoca una felicidad efímera rápidamente evaporada ante el deseo de tener otra cosa. También el apego a objetos del pasado (recuerdos) puede llegar a ser peligroso. Impide a veces entrar en nuevas etapas. Es un continuo recordatorio de un tiempo idealizado. Ya escribí en EVOLUTIO el peligro que puede suponer morir teniendo adicciones a objetos y apegos extremos. Una persona que llega al fin de sus días en la etapa de vida física, puede haber atado su alma a los objetos (sus posesiones) y puede quedar atrapado intentando defenderlos. Su alma intoxicada se queda en este plano viendo como todo lo suyo pasa a otras manos aumentando su ira. Muchos de los casos de espíritus negativizados en las casas son por esta causa, se aferran a las paredes y atacan en lo que pueden a los nuevos propietarios que están, según ellos, ocupando su casa. Son casos poco habituales, pero posibles.

Una vez planteadas esos tres tipos de adicciones (me disculpo por su generalización) podemos observar también que son ladronas de tiempo, quizás uno de los bienes más valiosos. Cualquier adicción roba tiempo, incluso las alimentarias, pues la vida de una persona adicta a ciertos alimentos suele ser más corta y de peor calidad.

Para enfrentarse a las adicciones se tiene que tener una gran fortaleza, ser consciente del propio Ser Superior y su fuerza para vencer a las impregnaciones de los seres inferiores que eternizan esas dependencias. Los seres inferiores son más sustentadores de las adicciones que causantes de ellas. La fuerza interior, la conectada a lo superior, es la que te va a ayudar a salir de cualquier tipo de adicción. Nadie ha dicho que sea fácil, pero está en tus manos.

El ejercicio de la renuncia a algo por un tiempo limitado, que ya he nombrado varias veces, es una herramienta

CLASE 5 – TRABAJAR LAS ADICCIONES

importante... Son los retos de autocontrol que te pueden ayudar a medir tu nivel de adicciones, así como ayudar a controlarlos y hasta eliminarlos. Se trata de elegir algo que te ate, alimentario, redes, fumar, beber... y prescindir de ello durante un periodo de tiempo, el que elijas. Durante ese periodo vas a experimentar la presión de tus seres inferiores para que rompas tu promesa, te va a ayudar a conocer tu nivel de adicción y vas a conocer el proceso de desintoxicación. Los resultados suelen ser muy positivos, la autoestima aumenta y el control de los inferiores se reafirma. Muchas veces, para desengancharse de algo, es preferible hacerlo en varias renuncias. La mayoría de veces, como mínimo, te ayuda a aumentar el control sobre tus acciones. Te animo a que te marques un pequeño objetivo y te pongas a ello ya mismo. Te irá bien de cara a la siguiente clase.

Como complemento para trabajar adicciones de todo tipo, siempre aconsejo el contacto con la naturaleza, el ejercicio, agua con tus vibraciones y salir a respirar la luz.

Antes de empezar la meditación, me gustaría que te analices profunda y sinceramente, y que apuntes las adicciones que puedas tener. De ellas, elige la que quieras trabajar. Tal vez ya te has planteado hacer una renuncia temporal a algo, tal como sugerí anteriormente. Si es así, es bueno que sea esa adicción la que trabajemos ahora.

CLASE 5 – TRABAJAR LAS ADICCIONES

La botella de agua de luz siempre debería estar a tu lado, junto con la hojita escrita con el tema a tratar.

VAMOS A MEDITAR

Acabas de beber de la fuente de agua de luz que hay en frente del templo de Saraswati. La semilla con el nuevo conocimiento está plantada en tu interior. Al lado derecho del templo hay un arco que lleva a una parte de la ciudad menos conocida, las calles son más estrechas y la luz del sol casi no llega. Aún y así las calles están llenas de gente que hablan, gritan, ofrecen, corren…

Al final de la calle, una gran puerta indica la entrada a un espacio amplio. En los marcos, hay muchos dibujos y esculturas coloreadas con escenas de fornidos guerreros medio monos, medio humanos. Cruzada la puerta, una gran figura de unos 15 metros de altura que llama poderosamente la atención. Es una figura imponente de Hanuman, el dios mono, el gran guerrero protector y defensor. Las manos de Hanuman abren su pecho mostrando las figuras de Rama y Sita manifestando así quien habita en su corazón. La fuerza de Hanuman siempre al servicio del bien, de lo que es correcto y da paz. Sientes que tu pecho vibra al ver esa figura. Reconoces la fuerza que tienes en tu interior y vas a conseguir liberarte de adicciones que te tienen atrapada. Detrás de la figura,

CLASE 5 – TRABAJAR LAS ADICCIONES

unas escaleras dan acceso a la parte interior del templo. Vas a entrar en el maravilloso templo de Hanuman.

Las escaleras suponen un esfuerzo, son cientos. Hay monos que te observan e intentan hacerse con cosas que llevan los visitantes. Ves al final de las escaleras otra gran figura de Hanuman, esta vez mostrando la palma de la mano. Interpretas ese gesto no como una señal de alto, sino como un gesto de protección que elimina tus miedos. No temas. Al llegar a los pies de la imponente figura, te sientes protegida y liberada de tus miedos. Parece que Hanuman no va a permitir que entres con miedos al templo. Te sientes libre para buscar y trabajar soluciones a tus adicciones. Hanuman, con su fuerza, está silenciando tus seres inferiores que te incitan a esa adicción. Ahora puedes entrar al templo pues tus seres inferiores te van a escuchar.

Te descalzas. La puerta de acceso es pequeña y su interior sencillo. Hay personas distribuidas por la sala, algunas hablando jovialmente, otras orando, pidiendo y alguna otra separada del resto en un rincón de poca luz. Sientes que debes acercarte a una de ellas pues, aunque te cuesta, reconoces algo de ti en ella. Está sentada en el suelo y tapada con una manta vieja, al mirarla a los ojos, aparta la mirada de ti y se tapa con la manta. En sus ojos has visto miedo, rabia, soberbia y degradación. Le hablas con cariño, le dices que has venido a ayudarle y te responde bajo la manta que no hace falta, que está perfectamente bien, que controla lo que le pueda hacer mal si es que algo le hace mal. Se destapa y la ves ahora rejuvenecida, bella y brillante, ves tu reflejo de una perfección casi increíble. «¿Ves» te dice ella, «Yo sí que estoy bien, ¿y tú». Estás confusa pues no es la imagen que has visto al principio, pero lo aceptas y te dispones a marchar. Ella te mira pero ves en sus ojos que algo cambia, pierden la luz, su piel se oscurece, se arruga, tose, se marea, el pelo se le enreda y pierde su color, sus facciones se disipan y la piel se pega a sus huesos. Sus manos agarran con desesperación algo viscoso, pesado y oscuro. Se ha vuelto a transformar en lo que habías visto al principio y se vuelve a tapar.

Estás delante de una parte de ti. Estás mirando un grupo de tus seres inferiores aferrados a la adicción que quieres eliminar. Te interrumpe una voz, es alguien del templo que te empieza a hablar de Hanuman y de su devoción por Rama y su consorte Sita. Escuchas casi hipnotizada la historia. Rama es la deidad que representa todas las virtudes, bondad, piedad, valentía… Su consorte Sita es la fuente de paz interior. Ravana, secuestró a Sita, robando a Rama su precioso tesoro (su compañera y paz).

Permanece en silencio un momento, para mirar a la figura que casi ni se mueve bajo la manta. Su silencio

CLASE 5 – TRABAJAR LAS ADICCIONES

hace evidente que la paz interior de tus inferiores, ha sido secuestrada por el demonio de la adicción.

Continúa el relato explicando que Rama reunió sus ejércitos para liberar a Sita y tuvo la fortuna de encontrar en su camino a Hanuman, que con su fuerza descomunal, capaz de levantar montañas, la liberó de las garras de Ravana. Señalando el centro de tu pecho te susurra «Hanuman está ahí». Te acercas a tu ser inferior, lo abrazas con un cariño inmenso. Le apartas la manta que lo cubre. Se resiste pero tu amor hace que ceda. Su figura, tu figura, está prácticamente cubierta del fluido oscuro que fluye del objeto que tiene en sus manos y empiezas a limpiarlo. Arrancas con tus manos, con suavidad pero con firmeza, las capas viscosas y los vas depositando en un cubo que hay a tu lado. Esas capas son los efectos de la adicción. A medida que las retiras, aparece tu ser, bello y agradecido. Tu interior físico, tus pulmones, tu hígado, tu corazón, tu cerebro...todos tus órganos van soltando la pasta contaminante que retiras con todo tu amor. Pero sus manos, con fuerza, siguen agarrando el origen de la adicción. Ahora es una esfera de cristal sucio que permite ver lo que hay en su interior. Míralo, mira la causa de tu adicción, deja el ego de lado y míralo. Solo cuando la veas, la comprendas y te perdones, dejará de surgir de ella esa materia viscosa que te quita vida.

Analiza esa esfera...

CLASE 5 – TRABAJAR LAS ADICCIONES

No culpes a los demás… analiza.

No tengas miedo, Hanuman está ahí, eres Hanuman y rescatarás a Sita, a tu paz interior.

Analiza mientras sigues limpiando y depositando en el cubo lo no positivo. Observas que la esfera es algo más pequeña y la luz de los ojos de tu ser inferior es más viva.

Analiza, busca el origen, mientras limpias tu ser.

Notas todavía descargas de disgusto hacia ti. Parece como si hubiera dos personalidades que luchan ferozmente en el interior, parece que hay momentos en que la batalla está perdida, pero la fuerza de Hanuman, tu fuerza de Ser Superior, logra vencer uno a uno los ataques de la adicción. Comprendes que no podrás tener paz interior hasta que quedes limpia de esa materia viscosa, y es lo que más deseas, tener paz para desarrollar tus objetivos, que esa adicción deje de robarte tiempo y salud. La estás venciendo, enfrentarse a ella es empezar a vencerla.

En tus manos tienes la botella de agua de luz que recogiste delante del templo de Saraswati. Vas a utilizar la luz contenida en sus átomos para limpiar y eliminar los restos interiores de tu ser. Le ofreces agua de tu botella. Bebe, bebes y siente, sientes, los átomos llenos de luz que entran en ti e iluminan las zonas ennegrecidas. Tienes la potencia de ver como disuelven la suciedad provocada

CLASE 5 – TRABAJAR LAS ADICCIONES

por la adicción de las paredes de tus órganos interiores. La suciedad, al deshacerse cae para ser eliminada. En ella residen los falsos placeres de la adicción, sea del tipo que sea. Bebes y la vibración de sabiduría de Saraswati te hace ver que lo contenido en esa esfera de cristal se puede solucionar de muchas formas. Has descubierto que tienes unos dones y misiones que te están esperando y sin el lastre de lo oscuro, vas a desarrollarlas con más fuerza. Hanuman, la fuerza superior, está completamente al servicio de tu Ser Superior. Te sientes invencible, no va a ser fácil pero te gustas tomando el dominio de tu ser. Te estás liberando de cosas que creías imprescindibles.

Has dado el primer gran paso para superar la adicción, has ganado fortaleza y debes seguir limpiando sus efectos. Debes conseguir que esa esfera se aligere, aún pesa demasiado. Con constancia lo vas a conseguir. Llegará un momento en que cada vez que un ser inferior te tiente a caer en la adicción, tu reacción será de rechazo o incluso de indiferencia. En ese momento, te habrás conocido un poco más y habrás alejado de tu ser un ladrón de un tiempo precioso.

Os levantáis y camináis hacia la salida. En cada paso os fundís un poco más hasta formar una unidad. Has recuperado una parte de ti aislada.

Sales del templo y tienes ante ti las cientos de escaleras, esta vez de bajada. Es así como va a ser pues, una vez has empezado a tomar las riendas de tu ser, todo es más fácil, es bajar escaleras. Hay que tener cuidado en no tropezar, hay que tener cuidado en no distraerse al poner los pies en cada escalón. Hay que vigilar que nada vuelva a robarte tu tiempo. Mientras bajas las escaleras, piensas en el tiempo, esfuerzos y salud invertidos en el proceso de adicción que estás empezando a superar. Tu día a partir de ahora va a tener más horas y esas horas son horas que ganas de vida. Ese tiempo nuevo que ya estás ganando se te abre como un espacio de posibilidades para hacer cosas que siempre has deseado o incluso, como has descubierto en el templo de Saraswati, desarrollar tus potencias, tus dones y misiones. Pero ahora disfruta bajando esas escaleras de la liberación. Se da la paradoja de que, cuanto más tiempo inviertas en liberarte de lo que te ata, más tiempo tendrás para ti.

A los pies de la gran figura de Hanuman, sedienta, bebes agua de luz llena de cosas sencillas. Piensas que quizás todo es más sencillo y que los humanos nos metemos en situaciones no solo inútiles, sino también tóxicas. Miras el agua, su humildad, tan presente en todo y en consecuencia tan poco apreciada por su abundancia. Tan deseada cuando falta.

Bebes, te limpia y agradeces.

Una vez pasada la imponente figura de Hanuman, te giras sonriéndole y los ojos se te empañan de nuevo de emoción. Es de las emociones más bellas, esas que te vienen mientras sonríes de felicidad.

Visita el templo de Hanuman para ser consciente de la fuerza de tu ser superior. Hanuman es el guerrero de tu paz interior y el vigilante del dharma, del buen hacer. Su fuerza es tu fuerza y lo que te tienta e intoxica es el Ravana que rapta a la Sita que reside en ti. Cuando sientas que puedes recaer, dale una oportunidad al agua cargada con los métodos que hemos trabajado y mientras la bebes, visualiza como limpia profundamente tu interior.

¡Buen trabajo!

En esta quinta clase hemos distinguido tres grandes grupos de adicciones, y se ha mostrado el proceso que genera el deseo de la adicción. Descubrir el origen o hacerse una idea de él, es de ayuda para superarla. Hemos trabajado en el templo de Hanuman, la fuerza casi infinita que reside en ti, descubriendo el efecto de las adicciones en el interior. Se ha hecho un trabajo de limpieza interior del origen y efectos de la adicción.

CLASE 6

Trabajar los miedos provocados por el ego
El Templo de Kali

Es esta la clase más dura de todo el curso, la que más te va a incomodar, pero quizás la más profunda en el sentido de autoconocimiento. La fuerza de tus inferiores, infectados por el ego, van a intentar manipularte y hacerte desistir en este trabajo de desarrollo personal. La negación del ego es la prueba evidente de su existencia, pocos o casi nadie se escapan a sus efectos. Esta clase es realmente dura pues supone hacer tambalear los cimientos de las razones por las que hacemos las cosas. Supone mirar con ojo crítico lo que hemos hecho hasta ahora. Supone desmontar estructuras. Pero no miraremos atrás dando el tiempo vivido como perdido, todo lo vivido te ha hecho llegar a este punto, ha sido necesario.

CLASE 6 – TRABAJAR LOS MIEDOS PROVOCADOS POR EL EGO

Nosotros y en consecuencia nuestros seres inferiores han sido programados desde que tenemos uso de razón para ser fieles a lo establecido, a lo supuestamente correcto, a los valores artificiales de éxito, a los cánones de felicidad, de falsa felicidad. Esta programación ha sido constante y potente y como una droga extrema, te amarra a seguir las conductas establecidas. Si te desvías de ellas, aparecen los efectos implícitos en las drogas, aparece una especie especial de síndrome de abstinencia. Unas consecuencias, de este síndrome de abstinencia, son los miedos. Quizás te sorprenda, pero te aseguro que muchos miedos aparecen influenciados por el ego.

Antes de comenzar intentaré definir el concepto de miedos a nivel energético-espiritual. El miedo, la mayoría de las veces, es una reacción que mandan tus seres inferiores a tu Ser Superior ante un cambio o posibilidad de cambio. Los miedos son un arma del ego para evitar cambios que requieren esfuerzos. Los seres inferiores consideran un peligro y una inversión de energías enorme el apartarse de lo ya establecido. Lo establecido, lo socialmente correcto es lo que la sociedad, y sus normas, y fuerzas de consumo quieren que seas, lo que han implantado en ti, en nosotros. Solo tienes que ver la vida ideal que muestran los anuncios publicitarios. Sino eres atractiva o atractivo, lista, con dinero, con casas espectaculares, con ropas de marca; si no tienes un cuerpo de diez, coches, amistades maravillosas,

CLASE 6 – TRABAJAR LOS MIEDOS PROVOCADOS POR EL EGO

restaurantes, viajes... no tienes derecho a ser feliz. Ese es el bombardeo mediático constante. Cuando tu Ser Superior quiere tomar el control de tus seres inferiores, estos reaccionan emitiendo señales, órdenes energéticas ante el cambio que te dispones a hacer. Si ese cambio es rebelarte contra esos modelos de falsa felicidad, los inferiores contaminados reaccionan con dureza. Una de esas reacciones es el miedo. El dominio de los seres inferiores se extiende hasta la mente y es ahí donde se encuentran los argumentos para boicotear los cambios. De nuevo encontramos las frases que he repetido varias veces como «qué dirán si hago eso», «no soy capaz», «no tengo preparación», «no valgo», «qué pensarán de mí», «qué vergüenza abrirme a los demás», «me tomarán por loca», «qué será de mí sin él/ella», o «dejarán de quererme», «perderé a mis amistades, a mis seres queridos», y muchas más. Estas frases son clásicas en personas dominadas por sus seres inferiores. Resumido: es el miedo a cambiar por miedo a perder el amor, la amistad o el estatus. Aparece el miedo cuando te planteas cambios, ¿no es así?

El ego está detrás del miedo al cambio, lo genera como arma defensiva y es consecuencia de muchos tipos de miedos que a veces parecen no tener nada que ver con los cambios. Tus seres inferiores están impregnados de ese ego implantado que te recuerda que necesitas el beneplácito de los demás para ser feliz. Necesitas ser y tener lo que te dicen. Sin esa aprobación, parece que se abre un abismo a tus pies. Ese abismo provoca el miedo. El recorrido sería el siguiente:

EL EGO PROVOCA MIEDOS PARA BLOQUEAR CAMBIOS.

El ego no quiere cambios, no quiere un desarrollo personal que conecte con tu alma y cambie tu vida pues eso «solo» supone un reconocimiento interior, no el reconocimiento social. Es tramposo y potente e intentará boicotear cualquier cambio a través de tus seres inferiores. Por eso el ego es el enemigo del desarrollo personal.

Una vida sin cambios, sin riesgos, difícilmente es una vida plena. Pequeñas y grandes rebeldías hacen posibles esos cambios. Los miedos bloquean la toma de decisiones, oprimen y hacen enfermar. El ego impregnado en tus inferiores, te va a poner muchas pegas para acabar o empezar un proyecto o una relación. El ego es muy listo y cuando gana terreno en tu interior, para evitar que realices cambios, te irá creando más y más miedos para que los descartes. Los miedos al compromiso, a la enfermedad, al fracaso, a la soledad, a separarse, a la muerte, al abandono, a salir, a conducir, etc. son ejemplos habituales. Es interesante observar que todos esos miedos inmovilizan, palabra que es sinónima de bloquean. El miedo inmoviliza y enferma, pues acarrea ansiedades, bajas autoestimas y hasta depresiones al ver que, a veces,

CLASE 6 – TRABAJAR LOS MIEDOS PROVOCADOS POR EL EGO

ni puedes salir de casa. Las memorias contenidas en tus células debidas al bombardeo constante desde que has nacido, son la base de la estructura del ego. Por eso esta clase es tan dura, vamos a desmontar mucho de lo que tenemos implantado, vas a tener que cuestionarte para crear nuevas memorias y eliminar las anteriores.

Supongo que puede sorprender que el ego esté detrás de los miedos. Así lo afirmo de nuevo. Un argumento en contra de esta afirmación es que si alguien deja de lado los miedos y empieza un nuevo proyecto, el ego también puede estar detrás para ayudar a lograrlo y así tener éxito social. Tiene su parte de razón. Esa persona con miedos ha logrado vencer al ego y eliminando miedos ha creado un proyecto. Pero si ha vencido al ego, ya sabrá como es y estará preparada. El ego, engañoso, te dirá que hagas un pacto con él para lograr el objetivo final, el éxito. Caer en esa trampa sería volver a empezar. Si te has trabajado interiormente, la finalidad de ese nuevo proyecto, sea económico o sentimental o del tipo que sea, no será demostrar a los demás, sino ser coherente contigo y ser feliz. El aprendizaje estará implementado. Pero, ¡nunca pactes con el ego!

Una vez explicado quien es la mayoría de las veces el instigador de los miedos y que mecanismos utiliza, es tiempo de ponerse a trabajarlo.

CLASE 6 – TRABAJAR LOS MIEDOS PROVOCADOS POR EL EGO

Estamos tú y yo solos, cara a cara. Si realmente quieres trabajarte en profundidad algún tipo de miedo, contesta con el alma a unas pregunta: ¿Cuánto de lo que haces, o de tus deseos y objetivos están inducidos por el ego?, ¿por la aceptación de los demás?, ¿principalmente por el éxito social, no personal?, ¿por demostrar el éxito a los demás? La primera respuesta suele ser parecida: solo deseo paz, felicidad, fortuna para los míos, salud etc. pero te pido que hagas un sobreesfuerzo por profundizar y analizar si en ese mundo visualizado de felicidad, paz, fortuna… se incluyen parámetros de las normas sociales y de consumo sobre todo en lo referido al reconocimiento social o lo que la sociedad considera triunfar. Quiero que hagas el sobreesfuerzo de analizar si realmente ese objetivo de liberación de miedos, es un objetivo limpio de manipulaciones y egos. Como he dicho antes, los egos pactan cuando se ven acorralados, y ahora los vas a tener acorralados. Hacen ver que van a ser tus aliados. «Vamos a conseguir tus objetivos de paz y de vencer miedos», te dicen. «Lograremos que entres en la nueva etapa, que salgas, rías y triunfes», insisten. «Podrás mostrar a los demás que eres otra persona», «podrás acceder a los placeres que tantas veces has visto en fotos de tus conocidos, viajes, restaurantes… les demostrarás que con tu esfuerzo has llegado a conseguirlo incluso superar sus experiencias», rematan… Si es así, el ego se ha colado en tus deseos de liberación de los miedos. Parecerá que

CLASE 6 – TRABAJAR LOS MIEDOS PROVOCADOS POR EL EGO

los has vencido, pero sencillamente se han adaptado al cambio. Los miedos, en este caso, se han escondido acechantes esperando la oportunidad para resurgir.

Es muy difícil, casi imposible liberarse completamente de los egos implantados por las leyes sociales consumistas y en consecuencia de lo que se considera éxito social, que suele ser uniformado. Nuestro trabajo es liberarnos lo máximo posible de ellos. Con tu trabajo interior, verás que cada faceta de ego que elimines de tus pensamientos y conducta diaria, disolverá parte de tus miedos. Ese proceso es el que te acercará a tener más momentos de paz interior y en consecuencia, perder miedos.

La mecánica es analizar e intentar destruir egos. Limpiar pequeñas facetas de tu vida y tus actos que están influidos por ese ego. Intentar atacar el miedo en general en todos los aspectos es muy duro, por eso quizás es bueno abordarlo en pequeñas batallas. Cada vez que destruyas un ego, por pequeño que sea, vas a notar una liberación y esa liberación interprétala como una cadena rota que te da libertad. El material de esa cadena son los miedos. Esta actitud te hará tener un extremo cuidado con tus nuevas acciones, estarás vigilante para que el ego no se convierta también en un ladrón de tu tiempo.

Pondré el ejemplo de una persona con miedo a dejar a su pareja. Sus seres inferiores le comunican constantemente que sin la pareja, sin su protección, su vida

CLASE 6 – TRABAJAR LOS MIEDOS PROVOCADOS POR EL EGO

se vendrá abajo. No encontrará trabajo, perderá a los amigos comunes, perderá el amor de su familia o parte de ella, perderá quizás su comodidad social, su estatus, su confort. De nuevo las recriminaciones: «Tú sola no eres nadie y no conseguirás nada», le dicen. El amor se ha acabado, pero mantiene las apariencias sociales. Esa persona tiene miedo al cambio, miedo a avanzar y prefiere vivir en un bloqueo y dejar de vivir nuevas experiencias. La autocrítica feroz (la única que te hace ver como una causa profunda el ego) demuestra que esa persona quiere mantener su zona de confort aunque sea falsa.

Sabe que si pierde los amigos, son falsos amigos, pero aún así acepta (ego por ser valorada socialmente).

Sabe que si la relación con parte de su familia se resiente, quiere decir que nunca habría podido contar y confiar en ellos ante cualquier problema importante, no hay amor verdadero. (Ego por querer ser amada a toda costa, aunque sea cediendo). Con otra parte de su familia seguro que sentirá el apoyo necesario.

Sabe que quizás pasará momentos muy duros económicamente si se separa y tendrá que ajustar muchísimo sus gastos y nivel de vida. El ego de vergüenza social aparece.

Tendrá que buscar un trabajo de lo que sea para pagar los gastos (el ego puede producir vergüenza y enviar

CLASE 6 – TRABAJAR LOS MIEDOS PROVOCADOS POR EL EGO

mensajes de tristeza profunda para que dejes el trabajo y vuelvas a la relación).

«¿Quién me va a cuidar si caigo enferma?» (ego chantajea y hasta, en colaboración con la mente, puede crear enfermedades).

No podrá irse de vacaciones y sacarse fotos en lugares maravillosos. No podrá ir a restaurantes ni comprarse ropa cara.

La decisión que tiene que tomar esa persona es muy importante. Mantener una vida artificial sin amor para contentar su ego o liberarse. Si esa persona trabaja ferozmente cada uno de sus egos, el miedo a tomar la decisión de comenzar una etapa nueva irá desapareciendo. Sus seres inferiores contaminados por el ego son los que mandan a su Ser Superior mensajes de inmovilidad y no cambio. Las memorias celulares están activas.

Si logra vencer los miedos, venciendo los egos, y se separa, ante ella se abre una etapa maravillosa. La coherencia estará presente. Habrá aprendido que la mayoría de las cosas que sostenían la relación eran falsas apoyadas por los egos. No echará de menos aquel confort (tendrá otros que le llenarán más), los falsos amigos en reuniones falsamente divertidas. No echará de menos muchos objetos que ahora verá completamente innecesarios. No perderá días y años de su vida pensando en como gustar a los demás y ser admirada o… envidiada. De nuevo encontramos el concepto de ladrones de tiempo, esa persona se dará cuenta de cuanto tiempo ha invertido en mantener algo que no iba realemnte con ella. Esa persona está de camino a liberarse. Entonces ocurrirá otro milagro maravilloso, en su vida se quedarán las personas que realmente son valiosas para su alma y… aparecerán nuevas personas atraídas por su actitud ante la vida. Las personas bañadas en egos no le crearán ningún tipo de atracción. Estará liberada. A su vida llegarán personas afines, sin duda. Puedo asegurar que esa liberación facilitará mucho la transición a la nueva etapa.

Otro ejemplo, miedos y fobias a salir a la calle o a conducir. Nadie diría que en muchas ocasiones son provocados por los egos, pero, así es. A veces, los seres inferiores intoxicados por los egos reacios a los cambios, producen ese tipo de miedos cuando ese cambio está a punto de ocurrir. Si es tu caso, analiza cuando empezaste a sentir esos miedos, que proyectos o decisiones importantes debías tomar, te puedes llevar grandes sorpresas.

El ego no siempre produce miedos, puede estar detrás de muchas acciones. Quizás el que me estés viendo o leyendo tiene un componente de ego por mi parte. Durante muchísimos años he evitado salir en cualquier fotografía. Me sentía cómodo en radio pues mi imagen quedaba preservada. Hace poco tomé la decisión de salir

CLASE 6 – TRABAJAR LOS MIEDOS PROVOCADOS POR EL EGO

públicamente en redes. La razón que me empujó a ello es que mi mensaje es más claro si la persona que lo recibe ve quien lo emite. Hasta ahí, todo más o menos bien pero, ¿y si mi ego estuviera detrás? ¿Y si mi ego es el que me empuja a exponer temas como un maestro que tiene respuestas para todo? Voy más allá. ¿Y si mi ego es el que está provocando una respuesta tuya de apoyo hacia mi decisión? Si dices «no, no es lo mismo, es bueno verlo físicamente para entender mejor el mensaje…» mi ego se siente reconfortado y quizás mi ego es el que me hace escribir este párrafo para lograr apoyos… ¿Complejo verdad? Pues eso es el ego, es sibilino y tramposo, intenta estar presente camuflado en mil y una formas distintas.

Hay situaciones muy duras producidas por las memorias y egos contenidos en los seres inferiores, tan duras que es difícil dejarlas escritas pues pueden ser malinterpretadas. Los chantajes emocionales, por ejemplo, suelen ser consecuencia de un tipo de ego muy peligroso. El miedo a perder algo hace desarrollar y exponer situaciones extremas muchas veces relacionadas con la salud. Lo peligroso es que, a veces, no siendo ciertas, acaban siéndolo. El ego induce de reclamar atención por el miedo a perder o el miedo a perder hace que el ego induzca a reclamar la atención de la forma que sea. Son casos especiales pero reales. Ya he avisado que esta clase puede remover muchas cosas y puede ser muy controvertida.

Vamos a trabajar los egos, no solo para eliminar los miedos no naturales sino para evitar que surjan.

De cara a la meditación, localiza algún ego y algún miedo. Intenta descubrir relaciones (no es fácil). Analiza como he comentado, cuando apareció un miedo y que cambios pensabas realizar. Recuerda la secuencia:

EL EGO PROVOCA MIEDOS PARA BLOQUEAR CAMBIOS

La batalla contra los egos dura toda la vida. Es el mayor ejercicio de autocrítica que podemos hacernos y el que requiere la lucha interna más feroz y aniquiladora. Por ello nos apoyaremos en Kali, energía de Shiva y diosa destructora de la maldad y de los demonios (en este caso internos). Kali se enfrenta a lo peor de cada uno y por ello su capacidad de destrucción es tan elevada. Shiva representa la destrucción y la creación que es justamente lo que queremos conseguir, crear una nueva forma de ser. Kali es el aspecto más destructor de Shiva. Nos ayudará.

Si has localizado algún ego, puedes apuntarlo (a mi me gusta apuntar las cosas ya que involucro más a lo físico) y vamos a intentar trabajar ese aspecto de ti. La botella de agua siempre presente.

VAMOS A MEDITAR

Sales del templo de Hanuman, ya has dejado atrás las imponentes figuras. Hay una pequeña travesía que da a una calle ancha, te atrae y hacia allí diriges tus pasos. Hay mucha gente, de nuevo mucha vida, sonidos, olores, el caótico encanto del ajetreo cotidiano. A un lado, en la pared de un muro de piedra, hay siete grifos abiertos constantemente. La gente hace cola delante de ellos y cuando llegan, realizan un precioso ritual, primero saludan y agradecen, después mojan sus manos, su cara, toda su cabeza y hasta sus brazos y piernas y al irse vuelven a agradecer.

Sobre esas fuentes hay una frase:

«TODA AGUA ES EL GANGES»

Alguien te contó una vez que el agua del Ganges viene de lo celestial, cae sobre el cabello de Shiva y cada mechón forma un arroyo que acaba formando el rio sagrado. Shiva el destructor y creador y tú, que quieres destruir cosas de su interior y crear nuevas, parece que estéis cara a cara.

Llega tu turno y, como si lo hubieras hecho toda tu vida, realizas el ritual con toda intensidad. Las aguas del Ganges limpian y bendicen tu piel, penetran en tu interior, y limpian y bendicen tu alma. Parece que los

CLASE 6 – TRABAJAR LOS MIEDOS PROVOCADOS POR EL EGO

karmas que pesan se deshacen. Cuando agradeces para despedirte, miras a los lados y cruzas miradas cómplices con los que han realizado el ritual al tiempo que tu. En sus ojos hay alegría, en los tuyos también pues te estás conociendo.

Continuando por esa gran calle, la vida y el alboroto no cesan. Te das cuenta de que llevas una enorme sonrisa dibujada en tu cara y piensas en este cambio y en las reacciones de los tuyos cuando vuelvas y se den cuenta. Solo deseas contagiarles aunque sea mínimamente tu estado.

Hay tenderetes a los dos lados de la calle llenos de objetos, frutas, collares y guirnaldas de flores multicolores. Son ofrendas para el templo que ves ya al final de la calle. Compras unas ofrendas y te diriges a la entrada. Intentas guardar en tu cabeza todas esas sensaciones para poder contarlas a tu vuelta, pero son tantas…

Ya en la puerta, la imagen perturbadora de Kali, azul, desnuda, con los ojos muy abiertos y sacando su gran lengua roja te hace dudar si entrar o no. Sus manos están ensangrentadas, en una de ellas un machete, en otra una cabeza cortada, un collar hecho con calaveras… No sabes si ese es el lugar adecuado para ti. Te hace sentir incómoda. Sientes miedo, pero te descalzas y entras decidida a ofrecer tus respetos.

CLASE 6 – TRABAJAR LOS MIEDOS PROVOCADOS POR EL EGO

El lugar solo está iluminado por antorchas. Hay pinturas de Kali, algunas de ellas en actitud más bondadosa, en otras más aterradoras. Pero siempre esos enormes ojos tan abiertos que te miran vayas donde vayas. Decides vencer tus reparos y te sientas en el suelo en un rincón del templo, delante una imponente figura de Kali que te observa, te analiza. Sientes su fuerza en tu interior. Empiezas a ofrecerle tus presentes, pero percibes que algo no va bien. Esos ojos están muy dentro de ti, como ajenos al esfuerzo que estás realizando. Y entonces rompes a llorar.

Kali no es compasiva con los egos que provocan miedos y bloqueos, no es comprensiva con nada negativo. Para ella no hay excusas. Su misión, cuando realmente alguien quiere avanzar, es adentrarse y destruirlos sin piedad. El dolor que pueda ocasionar pasa a ser secundario. Ha localizado y acorralado un ego, el que tu también has localizado y sus ojos te están pidiendo el permiso necesario para destruirlo sin piedad. Kali quiere cortar la cabeza a ese ego que provoca tu miedo y colgar su cráneo en su collar de calaveras.

Le pides unos minutos para pensar en ese ego y en los miedos que te crean. Son justamente esos miedos los que te intentan hacer dudar y comprendes que cuadra, que los miedos son mecanismos de defensa del ego. Miras la hojita en la que has apuntado el aspecto tuyo a trabajar. Lo confirmas y decidida, te despides de ello...

Tus lágrimas no aplacan a Kali. La miras a través de ellas, la ves borrosa pero acechante. Estás dispuesta a aceptar que actúe y te ayude a eliminar ese ego y miedo concreto. Y justo en ese momento, en el momento de la aceptación, Kali, sin dejar de mirarte, cambia su fisonomía y distingues rasgos que son parecidos a los tuyos, hasta convertirse en ti misma. En el templo se oyen tambores, campanas, También te llega un mantra que no entiendes en su totalidad. Om Kali Mahakali... solo distingues esta frase y la haces tuya.

OM KALI MAHAKALI
OM KALI MAHAKALI
OM KALI MAHAKALI

Es un mantra que interpretas como permiso para que Kali destruya lo que no te deja avanzar. Lo repites dándole ese permiso.

OM KALI MAHAKALI
OM KALI MAHAKALI
OM KALI MAHAKALI

Kali está en ti, te reconoces en ella, mira a tu alma y tu alma sonríe. Kali acorralará a tu ego, a tus miedos y se dispone a destruirlos.

CLASE 6 – TRABAJAR LOS MIEDOS PROVOCADOS POR EL EGO

OM KALI MAHAKALI
OM KALI MAHAKALI
OM KALI MAHAKALI

Kali ve ahora tus miedos. Los ve impregnando tus seres inferiores. Kali ve como esos miedos son la herramienta que utiliza el ego para paralizarte y que no te rebeles. La trampa del ego que crea miedos para someterte y que no avances. Piensa en ese miedo concreto y pídele a Kali que lo destruya y en consecuencia se destruya todo lo relacionado con él. Te ves, ves la figura de tu falso ser, ves lo que los demás quieren que seas. Y ves como te engaña y ha creado ese miedo para limitarte. Te acercas más, y ves que no eres tú, es una máscara y tras la máscara, un ser oscuro, tenebroso. Lo reconoces, es el que tantas veces te ha manipulado, es un implante negativo. Miras a Kali, te brillan los ojos al haber descubierto el origen de tus miedos. Kali, rápida y despiadada, corta su cabeza y lo destruye, lo elimina.

OM KALI MAHAKALI
OM KALI MAHAKALI
OM KALI MAHAKALI

Notas la luz del fuego en tu interior. La luz del fuego que destruye lo implantado. El miedo desaparece y te dejas llevar por Kali. Ella destruye y bajo esa destrucción apareces tu, limpia, llena de luz, contenta y feliz por haberte liberado de ese peso, el peso de demostrar a los demás algo que no eres. El peso de la liberación de los miedos.

OM KALI MAHAKALI
OM KALI MAHAKALI
OM KALI MAHAKALI

Ya no hay lágrimas, hay reencuentro con tu ser real. Hay liberación, libertad. No piensas como al entrar en el templo, has comprendido que el vacío ocupa el lugar de ese ego y eres dueña de llenarlo como desees. El vacío es la oportunidad de una nueva construcción. Has acorralado y eliminado un ego y su miedo que te limitaba. Queda mucho, pero queda menos.

OM KALI MAHAKALI
OM KALI MAHAKALI
OM KALI MAHAKALI

OM KALI MAHAKALI
OM KALI MAHAKALI
OM KALI MAHAKALI

Agradeces, te arrodillas y te inclinas ante ella con las manos en el suelo. Es agradecimiento, es respeto y reconocimiento pues has encontrado una nueva compañera en tu viaje que nunca, nunca te va a abandonar. Es la amistad sincera, la de alguien que te va a decir, no lo que quieres oír, sino lo necesario para avanzar.

CLASE 6 – TRABAJAR LOS MIEDOS PROVOCADOS POR EL EGO

Al levantarte te habla. «Tienes el tesoro del vacío», te dice «tienes el tesoro de no ser nadie», «cuida mucho con que llenas ese precioso vacío».

Agradeces y agradeces. Te sientes acogida en ese lugar y te cuesta abandonarlo. Entrastes con miedo, ¿recuerdas? Lo superaste y gracias a ello has empezado a avanzar.

Sales del templo. Te sientes ligera y liberada. Ya no piensas en como te verán los demás. No hace falta. Prometes, mirando la imagen de Kali en la entrada del templo que antes te pareció terrorífica, que vas a cuidar ese precioso vacío, lo vas a tener limpio y ordenadamente vacío. Solo lo realmente importante y pequeño, decorará ese espacio.

Te ha sido desvelado uno de los mayores secretos del autoconocimiento y desarrollo personal: la destrucción de lo no positivo, de lo implantado. Ahora comprendes el papel de Shiva el destructor y creador. Comprendes que no hay joya más valiosa que el espacio libre de todo lo falso. Comprendes que en ti hay un inmenso palacio con muchísima luz que desde que eres consciente has ido llenando de trastos. Sabes ahora que lo que tiene valor es el espacio, no los añadidos. Te falta mucho por eliminar, pero algo muy grande ha cambiado en ti.

Gracias Kali

OM KALI MAHAKALI
OM KALI MAHAKALI
OM KALI MAHAKALI

¡Buen trabajo!

A parte del tema concreto que has trabajado, este ejercicio habrá sido un éxito si ante acciones futuras analizas cuanto de ego hay en ella y decides. Habrá sido un éxito si ante el miedo a una acción, decides afrontarlo y superarlo.

Como apunte que quizás alguien pueda pensar que está un poco fuera de lugar, hay una analogía en este sentido entre las casas y las personas. Las casas suelen acumular numerosos objetos, recuerdos de una vida pasada, recuerdos de vidas de otras personas, muebles y trastos viejos que de nada sirven, ropas que ya no se utilizan ni se utilizarán, papeles… Hay que observar la relación que existe entre el estado de alguien y el estado de su casa. No hablo de lujos, hablo de energías. Hay casas con tanto acumulado que no respiran, cada objeto, cada recuerdo, cada papel, cada pieza de ropa, una historia que muchas veces te ata al pasado y te quita energías. He sido testigo varias veces de la liberación que supone una limpieza profunda de una casa, el «vaciarla» de lo inútil, regalarlo, venderlo para lograr un espacio nuevo. Cada objeto una duda «lo doy, me lo quedo…que pena me da deshacerme…». Es un maravilloso trabajo de desapego y liberación. He observado el cambio en las

CLASE 6 – TRABAJAR LOS MIEDOS PROVOCADOS POR EL EGO

personas que han hecho ese esfuerzo que casi calificaría de ejercicio profundo y no hay punto de comparación. Kali no tiene piedad en destruir lo negativo de tu interior, aprendamos de ella aplicándolo también al espacio en el que vivimos. Todo son ventajas. Después, vigilaremos mucho lo que entra en la casa. Como en tu interior, solo va a entrar lo que aporte. No hablo de empobrecer tu casa, hablo que si pones un objeto, un cuadro o un mueble, te aporte una energía buena y no te quite energía. Curiosa analogía. Aconsejo este ejercicio, desapegarse y liberar espacio en la casa, sorprende.

En esta clase hemos abordado uno de los temas más complejos del autoconocimiento y la evolución. Hemos analizado nuestros miedos y los egos que los provocan. Se ha tomado idea del tiempo invertido en temas vacíos. Hemos trabajado con Kali la destrucción de miedos y se ha introducido el concepto de vacío interior entendido como nuevo espacio lleno de oportunidades. Quizás se ha cambiado la forma de actuar a partir de ahora.

CLASE 7

La nueva etapa
El Templo de Ganesha

En estos momentos del curso, ya tienes en tu poder herramientas de autoconocimiento y desprogramación suficientes para plantearte entrar seriamente en una nueva etapa, si es que no has entrado plenamente en ella incluso sin darte cuenta.

Las nuevas etapas son fruto de las etapas anteriores. La nueva etapa no sería posible sin las experiencias vividas. Los errores, los aprendizajes, incluso aquellos que pensamos en su día que no valían para nada, son pilares del nuevo ser. Las personas buenas, las personas tóxicas, la salud, la enfermedad, las alegrías, las penas… todo ha sido necesario para llegar hasta aquí. Las situaciones buenas o malas seguirán llegando y tendremos la capacidad de gestionarlas y asumirlas en su justo valor. Por ello hay que agradecer lo vivido, lo positivo y lo negativo, son los aprendizajes que te ayudarán a decidir.

La nueva etapa es un término flexible. Puede ser una nueva etapa interior, puede ser un capítulo más en la etapa que estás viviendo, puede ser una ruptura total con todo… La nueva etapa es una etapa de consciencia renovada, día a día. Sin quererlo, por mucho que nos cuidemos energéticamente, siempre se nos irán pegando pequeñas cosas, como programas basura en un ordenador que se cuelan sin darnos cuenta. Pero ahí tenemos a Shiva el destructor y creador que realizará sus funciones cuando creamos conveniente.

La nueva etapa es el espacio vacío conocido en el templo de Kali. Un espacio sagrado que solo tú vas a gestionar.

La nueva etapa es una etapa liberada de adicciones que quieren perturbar tu alma y que has trabajado con Hanuman.

La nueva etapa es una etapa de reencuentro con tus dones, tesoros de un alma con una inteligencia infinita, como el contenido de la biblioteca de tus dones del templo de Saraswati.

La nueva etapa es una etapa en la que dominamos nuestro cuerpo físico eliminando negatividades tal y como Krishna, en su templo, nos enseñó.

La suma de esas etapas forman pilares sólidos que sobre los que construiremos nuestro día a día. Cada decisión que tomamos, por mínima e insignificante que parezca, puede ser síntoma o detonante de un nuevo periodo. Por nueva etapa no entiendo solo un cambio drástico en nuestra forma de ser y vivir, sino también un pequeño cambio de hábito, una pequeña aceptación o nueva creencia, incluso un acto de archivar el pasado y centrarse en el presente.

Seguro que has vivido numerosas nuevas etapas y esas experiencias, sean de la polaridad que sean, ten han llevado hasta aquí. Todas son aprendizajes que se implementan en tu ser, a veces ordenados, a veces desordenados y caóticos, pero están ahí. Si te centras en la magna tarea de analizar, ordenar y extraer lo positivo de tus etapas en la vida, podrás comprobar que no es casual que estés haciendo este viaje conmigo. A veces (muchas veces) las experiencias vividas derivan en momentos de crisis casi traumáticos. Son momentos de profunda sensación de error, de pérdida de tiempo, de pasos atrás pero creo con toda sinceridad que no es así. Lo vivido te ha llevado a este punto.

Los seres inferiores son reacios a los cambios, pero una vez dominados y libres de miedos y egos, pueden llegar a ser firmes aliados en posicionamientos sólidos y coherentes con el alma. Siempre hay que vigilarlos pues, su inteligencia simple (no comparable a tu inteligencia superior), es influenciable por las nuevas experiencias y mensajes que llegan del exterior. No por dominarlos estamos exentos del bombardeo mediático y social, a no ser que abandones todo y te aísles como un ermitaño. Es curioso, ya que he nombrado a los ermitaños, que estos personajes se aislaban de todo para encontrar su propio ser. La búsqueda de la paz interior es tan antigua como la humanidad y las formas de encontrarla siempre han pasado por el autoconocimiento. Ermitaños, shadus, monjes de clausura… El aislamiento del exterior o el control del deseo inducido por lo físico son puntos en común en muchas filosofías para buscar la introspección. ¡No es el objetivo de este curso convertirte en uno de ellos! Pero si aprender de ellos. Es admirable la fuerza que deben tener para hacer un cambio tan radical en sus vidas. En este curso pretendo mostrar vías de autoconocimiento que sean compatibles con tu interacción con el mundo.

Cada vez que hablo de ascetismo me viene a la cabeza una gran escisión que hubo dentro del Jainismo hace unos dos mil años, debido a diferencias en dos de las corrientes principales: los Digambaras y los Svetambaras. Eran, y son, muchas las diferencias sobre todo en lo interpretativo de las escrituras originales de Mahavira. La renuncia estaba en el fondo de ese cisma. El principal punto de desacuerdo era la desnudez. A los Digambaras se les conocía también «como vestidos de aire» ya que renunciaban incluso a las ropas y

CLASE 7 – LA NUEVA ETAPA

a los Svetambaras se les conoce como «vestidos de blanco» por sus ropajes de ese color. Que gran fuerza interior se debe tener para emprender una nueva etapa en la que la renuncia total sea protagonista, admirable. Aconsejo el libro de Agustín Paniker «El Jainismo» para adentrarse en una de las filosofías vigentes más antiguas de la humanidad.

Tus sensaciones de nueva etapa pueden ser confusas en estos momentos, sabes que estás en ella pero posiblemente quieres recibir señales más claras o instrucciones más concisas del proceso a seguir. La búsqueda eterna de señales claras e instrucciones concisas puede ser una forma más de bloqueo y de dominio de los seres inferiores que te impiden dar pasos sino tienes clara la dirección exacta. Las nuevas etapas se componen de muchas pequeñas decisiones que vas tomando día a día, estoy seguro que algunas de esas decisiones diarias ya van a ser influenciadas por lo aprendido. La nueva etapa ya está aquí desde el momento en que una decisión está influenciada por esta filosofía.

La filosofía de la nueva etapa es una filosofía de la aventura y del control de los miedos y apegos. Nunca estamos liberados de los miedos y apegos en su totalidad, pero podemos decir que los dominamos desde el momento que no son un lastre para nuestros pasos. Es incorrecto hablar de la nueva etapa en singular, sería más apropiado hablar de las nuevas etapas. Cada nuevo pensamiento, cada avance, cada nuevo conocimiento es una nueva etapa. Evidentemente los proyectos personales, laborales y empresariales son nuevas etapas resultantes de las etapas anteriores. Es habitual que, una vez has entrado en el universo del autoconocimiento, tu vida laboral evolucione en consecuencia. Los parámetros cambian y otras oportunidades se abren. No me refiero a una renuncia de tu actividad sino a un enfoque diferente que se irá implementando. Los trabajos, las empresas, tienen la huella de quienes la forman, esa huella es el legado. Por supuesto es posible que se abran nuevas facetas profesionales. Al entrar nuevo conocimiento y auto conocimiento, estos se manifiestan en forma de proyectos y muchas veces novedosos.

En esta clase estoy tratando de ordenar las nuevas sensaciones que te han aportado las clases anteriores para enfocarlas y transformarlas en más cambios. ¡No pretendo poner tu vida patas arriba! O quizás si, eso depende de cada persona y sus circunstancias personales. A veces estas son complejas y no se pueden poner en práctica cambios exteriores, pero no hay excusa para poner en práctica cambios interiores.

Sin duda, Kali, hizo un buen trabajo o está haciendo un buen trabajo en la creación de un espacio vacío en tu interior, la famosa «nada». Ese vacío, esa limpieza, es tan beneficiosa como una limpieza profunda de una estancia en la que te deshaces de todo lo viejo, roto y obsoleto. La estancia queda vacía, parece mucho más grande y vas a tener muchísimo cuidado con llenarla de objetos que solo te quiten energías.

Este concepto, esta visualización, es clave para ordenar la lluvia de sensaciones interiores que tienes. Un espacio vacío dispuesto a ser decorado solo con lo que te aporta. Va a depender de ti decidir que entra o quien entra en ese espacio. Tú vas a pintar las paredes como desees y vas a ir colocando las experiencias individuales de forma especial para que tengan armonía y un significado conjunto. Cada objeto es un componente de la nueva etapa, la decoración conjunta debe armonizar las energías de todos esos objetos, para formar la nueva gran etapa.

Kali es una de las energías del gran Shiva, el principal asceta, destructor y creador. Seguro que has visto muchas veces la imagen de Shiva danzando rodeado de un círculo de fuego y aplastando al demonio de la ignorancia. Es símbolo de nuevas etapas, destruir todo para construir desde otros parámetros. El demonio de la ignorancia puede ser adaptado perfectamente a lo que te impide avanzar. Los seres inferiores, ignorantes del potencial y capacidad de conexión con lo universal de tu Ser Superior, se dejan influir por estímulos superficiales y falsos. Esos estímulos calan en ellos y si el Ser Superior atraviesa una etapa de debilidad, esa ignorancia de la realidad se contagia en él. Me gustaría que visualizaras a tu Shiva interior y que danzaras sobre el demonio de la manipulación e ignorancia, destruyéndolo. Todo este curso puede estar comprendido en esa figura, Shiva eres tú, está en ti. Danza destruyendo el demonio de la enfermedad, baila destruyendo el demonio de la baja autoestima, de las adicciones y los miedos; y crea el nuevo espacio, la nueva etapa. El gran guerrero/guerrera Shiva (no es masculino ni femenino, trasciende en ambos) debe imponer su orden sobre tus seres inferiores y así lo está haciendo y va a hacer.

Podemos empezar esbozando un proyecto de decoración de ese espacio en un papel. En ese primer boceto vas a intentar expresar libremente, sin tener en cuenta el coste del proyecto, que es lo que quieres ser, quien quieres ser. Es un boceto personal y privado que no precisa la aceptación de nadie, solo la tuya. Antes de dibujar, debes tener muy implementado lo practicado en las clases anteriores principalmente en la relacionada con los egos. Si entra un objeto en ese precioso espacio vacío, con la intención de que «quede bonito» o que «sea un espacio cómodo para las visitas», deberías volver a visitar los templos y trabajar de nuevo algunos conceptos. Volver a los templos no es un fracaso, ni muchísimo menos. Los templos están siempre abiertos y deben ser visitados regularmente. ¿Acaso podemos pretender que con una sola visita a un templo, nuestra vida espiritual ya esté encarrilada? Sin duda, no, no lo podemos pretender. Este boceto tiene dos funciones, ordenar para una nueva gran etapa y valorar si estás preparada o estás en proceso de preparación. Sea lo que sea, ya estás entrando en ella. Si los seres inferiores segregan baja autoestima y te dicen que no estás preparada, que lo dejes, intenta dominarlos y si es necesario eliminarlos. Danza sobre ellos. Ya estás esbozando tu nueva etapa, es irreversible.

Dicho esto, es tu turno, coge papel y lápiz y crea el proyecto de tu interior que será lo que llevará a proyectos exteriores. Escribe, borra, vuelve a escribir, tacha y crea. Una vez que lo tengas (tómate todo el tiempo que desees para ello) vamos a trabajarlo para acercarnos a esa nueva etapa. No te preocupes pues seguro que no es un proyecto definitivo, es arte y como tal, es difícil considerar cuando un cuadro está acabado. Pero si que es un punto de partida que a la vez sirve como ejercicio de autoconocimiento.

No tengas miedo ni te sientas mal, si en ese boceto excluyes a personas a las que siempre has tenido muy presentes. No las abandonas, ni mucho menos, todo lo contrario. Ese espacio vacío eres tú, tu ser, y es desde tu nuevo ser que serás de máxima ayuda a los tuyos. Escribe con la libertad que te da el pensar solo en ti. Ese espacio es tu primer círculo, solo tú lo vas a habitar. Escribe o diseña si quieres una pequeña faceta de ti, algún aspecto por el que va a comenzar ese cambio.

¿Lo tienes? Bien, seguro que lo has pasado por el filtro del ego y seguro que se acerca a lo que va a ser tu nueva etapa. Sea genérico o sea concreto ya tienes un objetivo que como he comentado es elástico pues al adentrarte en la reconstrucción de tu nuevo ser, las cosas se irán adaptando a la nueva realidad que te espera. Te espera un trabajo duro, pues para conseguir ese objetivo deberás destruir paredes del espacio interior. Kali ya eliminó mucho, pero ahora tienes un proyecto de construcción. Quizás hay que cambiar estructuras... Deberás atreverte a derribarlas, a veces solo restaurarlas y darles color. Tendrás que ir analizando como y cuando entró en ti ese pensamiento limitante, lo que te aporta y lo que te quita y decidir que haces con él. Analiza también de las manos de quien llegó a ti ese pensamiento limitante… Tendrás que entrar en espacios interiores que ahora están repletos de runa, de restos de obras que no te pertenecen. Tendrás que dejar de ser el vertedero de restos que has ido recogiendo de los demás para que ellos tengan cierto orden en sus vidas. Te toca coger la pala y empezar a deshacerte de todos esos escombros. Te sorprenderá el espacio que hay una vez limpio. Ya verás que haces con él, una vez limpio, solo habitará la nada con su infinito de posibilidades. Tu proyecto de vida, el espacio de tu nueva etapa.

Como en las otras clases, escribe el primer objetivo de la nueva etapa que quieres trabajar, recuerda que es elástico pues suele ser cambiante. También ten cerca la botella de agua.

VAMOS A MEDITAR

La experiencia en el templo de Kali te ha hecho reconocer que hay mucho implantado en ti. De lo implantado queda todavía por descubrir, es un trabajo intenso que realizarás a base de tiempo y constancia. La preciosa experiencia en el templo de Saraswati te ha dado pista de tus dones y misiones, aplicarlos a esta nueva etapa depende de ti.

Caminas por las calles sin dirección. Sigues ligera y liberada y con la paz que supone la decisión irrevocable del cambio. La vida en las calles continúa. Cuanta gente, cuantas luces, colores y olores. Caminas entre el bullicio pero parece que lo atravieses distante. Todo lo sientes más difuminado. El vacío creado con la ayuda de Kali te produce sensaciones extrañas, no estás acostumbrada a tenerlo. Piensas que los humanos tenemos la necesidad de llenar para tapar carencias. Hay una necesidad de seguir vaciando que contrasta con una necesidad de llenarlo con nuevos valores y objetivos. Caminas pensando que quieres conseguir de ti, hasta donde te gustaría avanzar. Fantaseas, te visualizas en situaciones, buscas en tu interior lo que te da paz, lo que te llena; descartas los deseos influidos por el ego (Kali te mira) y vas creando una idea de lo que quieres ser o hacer. Sonríes pues empiezas a esbozar lo que vas a hacer con ese precioso y vacío espacio interior. No hay límites ni estructuras y puedes diseñar tu futuro. Caminas y caminas y ya tienes en tu mente por donde empezar. Metes tu mano en el bolsillo y encuentras un papel. En el está escrito con lápiz el objetivo que tienes en mente, tu primer proyecto en esta nueva etapa después de los intensos trabajos en los templos anteriores. Es justo por donde quieres empezar. Lo revisas mentalmente, lo analizas, el impacto en ti, en los demás, sin egos y sin miedos. Nadie va a depositar sus muebles viejos en tu sala maravillosamente vacía, lo tienes claro.

Acompañada con tus pensamientos has caminado una distancia enorme, tanta que te has alejado de la ciudad. Estás en el campo sorprendida de no haberte dado cuenta de la caminata. A la derecha del camino principal, hay una señal de madera en forma de flecha sin nada escrito en ella. De forma natural, la sigues. El camino acaba en una cabaña de madera. En la puerta de la cabaña está Ganesha, la deidad de los nuevos comienzos que protege y elimina los obstáculos que impiden las nuevas etapas. Subes los tres peldaños para acceder a la cabaña y Ganesha, vigilante y protector, te pregunta a qué has venido. Sorprendida, no se te curre más que entregarle la hoja de papel que has escrito con tu proyecto. La lee detenidamente, te mira, y la transcribe en un libro utilizando como pluma su propio colmillo. Te vuelve a mirar

CLASE 7 – LA NUEVA ETAPA

y parece que te sonríe, Te devuelve la hojita y las puertas se abren mientras te dice: «bienvenido/a a mi templo, a tu templo, el templo para conseguir tus propósitos, el templo para alcanzar la correcta visión, no temes». Esta última palabra la pronuncia con la palma de la mano hacia delante y sientes su protección al instante, no temes nada. Devuelves la sonrisa y entras.

El lugar es bastante austero aunque mucho más grande de lo que parecía desde fuera. En las paredes hay pinturas con escenas de la vida de Ganesha. Escoges un lugar delante de una de ellas, te hace gracia ver a Ganesha dando vueltas alrededor de sus padres, Shiva y Parvati. Te sientes en el lugar adecuado para empezar tu proyecto. El mismo Ganesha te lo ha dicho: «el templo para conseguir tus propósitos». Sacas la hojita de nuevo y te das cuenta que hay algo escrita en ella que no estaba antes. Ganesha escribió: «Y que te proporcione paz interior».

Ahora sientes paz. Todavía hay restos en tus seres inferiores que buscan en sus memorias recuerdos pasados para robártela, pero gracias al maravilloso vacío que tienes en este momento, no encuentran nada que pueda perturbarte. Tienes muy preparadas en tu mente las peticiones que vas a hacer en este templo de la eliminación de obstáculos. Las visualizas y con mucha cautela, implementas ese objetivo en ti. Lo visualizas como una caja, austera como el templo en el que estás, pero rica en su interior, con mucho de ti y de tu nuevo ser. Te visualizas cogiendo con todo tu amor esa caja y dejándola en ese espacio perfectamente armónico y vacío de tu interior. Es curioso ver como una caja de ese tamaño puede dar tanto bienestar a tu palacio interior. Por nada del mundo quieres perder esa armonía. Sentada delante de esa caja sientes que debes hacer algunos añadidos a tu petición. La abres, coges el papel, el lápiz y reafirmas con tus propias palabras lo que Ganesha te ha indicado. Lees el objetivo de nuevo y lo amoldas para no solo no perder tu paz interior, sino para contagiarla. Sabes que no es fácil y que habrá obstáculos tanto exteriores como interiores. Pides a Ganesha que te ayude a superarlos.

OM GAM GANAPATAYE NAMAHA
OM GAM GANAPATAYE NAMAHA
OM GAM GANAPATAYE NAMAHA

De ti ha surgido este mantra sin tener conocimiento de él. Comprendes que es la expresión de tu lenguaje energético, la petición de tu alma para que Ganesha te ayude en este proceso. Notas que es un mantra poderoso, es una petición de ayuda ante los obstáculos interiores y exteriores que intentarán que tu proyecto fracase y es una invocación a Ganesha y su poder.

OM GAM GANAPATAYE NAMAHA
OM GAM GANAPATAYE NAMAHA
OM GAM GANAPATAYE NAMAHA

Sientes emoción pues sabes que Ganesha va a estar en tu interior para ayudarte. Lo sientes cercano a ti, amable y bondadoso, pero a la vez fuerte y determinado.

Aún con el papel y el lápiz en la mano, recuerdas lo que te dijo a la entrada del templo: «La correcta visión» y ahora entiendes su significado más profundo. Controlar las emociones interiores para tomar las decisiones correctas. Esas decisiones correctas fruto de la correcta visión te harán vencer los obstáculos y lograr los objetivos. Esa correcta visión es la coherencia con el alma. Comprendes que esa frase es clave y la apuntas subrayándola en tu hoja de petición.

OM GAM GANAPATAYE NAMAHA
OM GAM GANAPATAYE NAMAHA
OM GAM GANAPATAYE NAMAHA

Las vibraciones del mantra hacen vibrar tu agua interior que se carga con las energías de los propósitos. Bebes agua de luz que se transforma inmediatamente en ti. Es agua con los añadidos del nuevo proyecto de vida y evolución.

Dejas la hojita y el lápiz en la caja, la cierras y la depositas con mucho amor en tu espacio vacío interior.

Miras la imagen de Ganesha pintada en la pared, sonríes sin comprenderla. De nuevo, una voz pausada detrás de ti te dice:

CLASE 7 – LA NUEVA ETAPA

Ganesha y su atlético hermano Kartikeya tenían un objetivo para ser más felices, encontrar una esposa. Sus padres, Shiva y Parvati, les dijeron que el primero en llegar a los confines de la tierra y volver, se casaría antes. Ganesha no tenía la forma física de su hermano pero logró ganarle. Su forma física no fue un obstáculo, lo venció. Kartikeya tardó años en llegar a los confines de la tierra y volver. Ganesha, como muestra la pintura, dio siete vueltas alrededor de sus padres. Sorprendidos le pidieron explicaciones y él argumentó que son la Madre y Padre Divinos, la tierra entera, el universo entero, y que consideraba que había ganado la competición. Sus padres, le dieron la razón.

Esas palabras te reafirman que teniendo una correcta visión, siempre se encuentra la salida y se cumplen objetivos. Miras la imagen y sonríes, sabes que Ganesha va a ser también tu aliado, te proporcionará esa correcta visión, con sus correctas decisiones para conseguir tus objetivos nobles. Las nuevas decisiones que tomes en tu vida estarán impregnadas de correcta visión.

OM GAM GANAPATAYE NAMAHA
OM GAM GANAPATAYE NAMAHA
OM GAM GANAPATAYE NAMAHA

CLASE 7 – LA NUEVA ETAPA

OM GAM GANAPATAYE NAMAHA
OM GAM GANAPATAYE NAMAHA
OM GAM GANAPATAYE NAMAHA

Tus ojos, como tantas veces, se llenan de lágrimas de emoción y cuando poco a poco van desapareciendo ves tu interior con un vacío esplendoroso con solo una caja que se ha tornado dorada y brillante. Su luz, la luz de tu nuevo proyecto, ilumina toda la estancia. La miras y está impoluta, perfecta, un espacio ideal con solo un proyecto, no solo puntual sino de vida.

Hay una puerta muy solida que salvaguarda tu interior, tu mano va a tu cuello y recuerdas la llave que encontraste en la fuente cercana al templo de Krishna. Sabías que era para ti y así es, es la llave sagrada que cierra el paso a lo no positivo, a lo que impide que tus sueños se hagan realidad. Te diriges a la puerta, pruebas la llave y efectivamente la abre. Mirando con orgullo tu espacio interior, sales de la estancia, cierras meticulosamente la puerta con la llave y apareces en el exterior, curiosamente en la ciudad, con toda su anarquía y alegría, con sus cosas buenas y no tan buenas, sus gentes, sus problemas y alegrías. Miras hacia la puerta y no está. Solo aparecerá cuando quieras realmente abrirla. Solo tú tienes el dominio sobre ella.

Emprendes el regreso de este viaje. Vuelves a casa, vuelves distinta, fuerte y decidida. Sientes paz, sientes que puedes llegar a los confines del universo venciendo obstáculos. Vuelves a casa siendo una persona nueva y liberada. Vuelves a casa siendo más sabia.

Miras tu casa, tus cosas, sales a pasear, a trabajar, poco ha cambiado todo en este tiempo pero lo ves de una forma distinta. Las razones por las que estás ahí, tus circunstancias, tu vida, tienen otra perspectiva. Todo se simplifica dentro de las dificultades. Has vuelto a casa, pero eres otra persona. Quizás nadie lo note, no te importa en absoluto. No tienes necesidad de demostrar. La correcta visión es la que actuará influyendo en tus decenas de decisiones diarias. Las críticas e intentos de manipulación van a descubrir que no tienen puerta por donde entrar en ti. De tu cuello pende la llave y solo tu alma hace visible la puerta.

¡Buen trabajo!

En esta clase hemos unificado todo lo practicado para construir un nuevo espacio en nuestro interior. Se ha tomado consciencia de lo sagrado de ese espacio y de la importancia que tiene todo lo que va a entrar en tu vida a partir de ahora. Ganesha nos ha ayudado a limpiar los accesos a esa nueva etapa.

Epílogo

Cada uno es un mundo y sus circunstancias. Cada persona ha llegado al punto presente de manera distinta, no pueden existir dos personas en el mismo punto exacto. Esa es la maravilla de la individualidad, nadie es como tú y nadie sabe mejor que tú donde estás. Tu punto puede ser complicado o estable, pero es la realidad en la que te encuentras. Siempre, toda la vida física estamos en un punto cambiante resultante la mayoría de las veces de puntos anteriores. Una decisión en este preciso instante es ya una decisión pasada que afecta a tu futuro. Este curso ya es pasado, lo leído y sentido es pasado. Una acción, por pequeña que sea, consecuencia de lo que he intentado transmitir puede producir una cadena de acciones posteriores. Esa cadena de acciones a veces se ramifica y crea un cambio no solo en ti, sino en el entorno.

¿Y ahora qué? Pues ahora, te aconsejo que sigas con tu vida pero viviéndola dentro de los parámetros de la coherencia. Cada día tomamos cientos de decisiones, cada decisión tiene su influencia en ti y en el entorno. Muchas decisiones son automáticas, incluso reflejas. Yo consideraré que este curso ha sido un éxito si ante alguna de esas decisiones, te visualizas en uno de los templos interiores y tomas la decisión acorde a lo practicado. La cadena de acontecimientos puede extenderse de forma ilimitada. Mi mayor alegría es imaginar que has realizado aunque sea una sola acción de forma diferente a como la hubieras realizado antes de este curso. Solo una. Estoy seguro que llegarán más acciones por su propia inercia.

Buen trabajo. Felicidades.

Printed in Great Britain
by Amazon